アセスメントで授業が変わる

特別支援学校・学級で生かす
子ども理解と支援のアイデア

青山眞二 編
北海道教育大学附属特別支援学校 著

図書文化

本書の刊行にあたって

　これまで，教育委員会などが主催する現職教員のための研修会は，講演形式による「受け身的な研修会」がほとんどでした。講演会は，新しい情報をより多くの人々に短時間で伝達するには大変効率のよい研修の場ですが，現場で苦労している先生方にとって，どこか半分満たされないと感じることが多かったのではないでしょうか。講演形式の研修会では，指導の原理原則や最新情報などは得られるのですが，自分たちの臨床場面とぴったり重なる部分が少ないため，どんな子に，どのような場面で，どのように対応すべきなのかといった「具体性」が見えにくいと感じる先生方が多いようです。

　そこで北海道教育大学附属特別支援学校では，2013年度から5年間，地域におけるセンター的機能の取組みの一つとして，人材育成を目指した「特別支援教育臨床研修会」を実施してきました。本研修会は，「実際の子どもの指導を通して，子ども理解と実践的な授業づくりを学ぶ」を研修プログラムのコンセプトとして始めました。このため，本校の子どもたちに協力していただきながら，特別支援学校や特別支援学級に在籍している「特別な配慮を要する子どもたち」をどのように理解し，どのように指導を組み立てていくかを学びます。研修会の実施にあたっては，以下の3点を研修の柱としました。

1　「チェックリストに基づく行動観察」を通した子ども理解
　　子ども理解にはさまざまな方法がある中で，日常的に，簡便にできる行動観察を中心とする「指導略案を活用した学習活動チェックリスト」による子ども理解。
2　子どもの実態に即した指導計画の作成と実施
　　チェックリストを活用した子ども理解をベースに，根拠のある指導，より効果的な指導略案の作成とその実践。
3　ディスカッションによる指導の振り返り
　　特別支援学校や特別支援学級では，複数の教員がチームを組んで取り組むことが多いことから，チームでの焦点を絞ったディスカッションを通した振り返り。

　これら3本の柱からなる「特別支援教育臨床研修会」は，これまでの5年間の試行錯誤を経て，先生方の具体的な悩みや課題を解決する研修の場として高く評価されるようになっています。

　そこで，これまで練り上げられてきた「特別支援教育臨床研修会」のエッセンスをできるだけ多くの先生方に知っていただきたいと考え，本書の刊行に至りました。また本書は，先生になられたばかりのフレッシュな先生は勿論のこと，長年勤められているベテランの先生にも役立つような本にするため，基本的理論から具体的実践事例までを幅広く盛り込み，かゆいところに手が届くようなコンテンツとなっています。したがいまして，自分に必要な部分を必要なときに読んでいただき，日々の実践の一助としていただければ幸いです。

2019年3月

青山眞二

この本を手にされるみなさまへ

　北海道教育大学附属特別支援学校では，子どもたちの実態に合った授業づくりに取り組んでいます。その一部分をみなさまの授業づくりに関する悩み解決の手がかりになればと思い，本書をまとめました。子どもたちにとってわかりやすく楽しい授業になるための私たちがやってきた取組みをこんなふうに見て，読んでください！

◇「指導に直結した基礎理論」からの授業改善
▶第1章からお読みください。

　第1章では，指導を進めるうえで必要な基礎的な理論をコンパクトにまとめています。学生時代に習った「指導に直結した基礎理論」を読み返すことで，「なるほど」「そうだったな」と指導の基本スタンスを再確認していただけると思います。

◇「困った！」という悩みからの授業改善
▶第5章へお進みください。

　第5章では，本校の教員の日常の困り感から，構成されています。子どもたちの実態から"わかること"を導きだし，アイデアを紹介しています。子どもとのかかわりはいつも謎解き……そんな気持ちで「困った」と向き合えるページだと思います。

◇「子どものことを知っているからこそできる授業にしたい」からの授業改善
▶第3章へお進みください。

　第3章では，日常の子どもたちの好みや行動がわかっている先生だから出せるアイデア，支援のポイントが書かれています。この章を読んでいただくと，子どもたちの観察がとても強力な授業のアイデアにつながることに気づいていただけると思います。

◇「なぜうまくいかない？」からの授業改善
▶第2章または第4章へお進みください。

　チェックリストや心理アセスメントなどを活用すると，客観的な子どもの姿が見えてきます。その姿はいままで先生が見ていた子どもたちと変わりありません。「そういうことだったのか！」という裏づけができるということだと思っています。

◇「チーム」での授業改善
▶第2章へお進みください。

　複数の仲間で授業について話し合うと，それぞれの思いが飛び交い，授業の改善点が見えないこともあります。そんなときには，チェックリストを使ってみてください。"焦点を絞った"，"改善点が明確になる"授業改善が可能になると思います。

2019年3月

北海道教育大学附属特別支援学校教員一同

もくじ

第1章 特別支援教育の基礎理論と臨床

- 理論 1 「学び」の基礎理論 ……… 010
- 理論 2 「観察」を通した子ども理解 ……… 012
- 理論 3 「チェックリスト」を活用した子ども理解 ……… 014
- 理論 4 「検査」を通した子ども理解 ……… 016
- 理論 5 「授業」を通した子ども理解 ……… 018
- 理論 6 「育ち(発達)」を踏まえた指導 ……… 020
- 理論 7 「学び」の原則を踏まえた指導 ……… 022
- 理論 8 「認知」の特性を踏まえた指導 ……… 024

第2章 チェックリストを活用した子ども理解

- 解説 チェックリストを活用しよう ……… 028
- 実践事例 1 小学部(4年生) 制作活動「自分だけのさかなを作ろう」……… 030
- 実践事例 2 小学部(5年生) 調理「ミニどら焼きを作ろう」……… 034
- 実践事例 3 小学部(5年生) 課題学習「しりとりをしよう」……… 038
- 実践事例 4 中学部(2年生) 体育「サッカーにチャレンジ」……… 042
- 実践事例 5 中学部(3年生) 進路・作業「みんなでクッキーを作ろう」……… 046
- 実践事例 6 中学部(3年生) 認知・概念「上手に聞こう! 話そう!」……… 050
- 実践事例 7 高等部(1年生) テーマ学習「こんなとき,どんな気持ち?」……… 054
- 実践事例 8 高等部(2年生) 音楽「トーンチャイムで合奏しよう」……… 058
- 実践事例 9 高等部(2年生) 数学「長さを比べてみよう」……… 062
- コラム 1 実際,チェックリストってどうなの? ……… 066

もくじ

第3章 インフォーマルなアセスメントを活用した子ども理解

| 解説 | 子どもの実態と教師の願いから支援しよう …… 068 |

実践事例1 小学部（1～3年生） 制作活動
「お花畑を作ろう」 …… 070

実践事例2 小学部（2～6年生） 制作活動
「みんなで楽しくきりのめカーを作ろう」 …… 072

実践事例3 小学部（4年生） 課題学習
「正しい書き順でひらがなを書こう」 …… 074

実践事例4 小学部（4～6年生） 朝の会
「あつまれ！　みんなでさんくみ」 …… 076

実践事例5 小学部（4～6年生） 課題学習
「みんなで一緒にやってみよう
　　〜デカパンリレーとマイムマイム〜」 …… 078

実践事例6 中学部（1年生） 朝の会・帰りの会
「一人で司会をしよう」 …… 080

実践事例7 中学部（1～3年生） 進路・作業
「リサイクルはがきを作ろう」 …… 082

実践事例8 中学部（1～3年生） 音楽
「フィギャーノートで楽しく合奏！」 …… 084

実践事例9 中学部（1～3年生） 数学
「長さを測ろう」 …… 086

実践事例10 中学部（1～3年生） 認知・概念
「新聞を活用しよう〜NIEの視点を生かして〜」 …… 088

実践事例11 高等部（1～3年生） 地域活動
「みんなで話し合って出かけよう」 …… 090

実践事例12 高等部（1～3年生） 進路・作業
「受注作業に取り組もう〜出来高を意識して〜」 …… 092

実践事例13	高等部（1～3年生） 美術
	「タイルでデザインしよう」 ……………………………………… 094

実践事例14	高等部（2,3年生） 体育
	「タブレット端末を使用して，よりよい走りを！」 ……… 096

コラム2	教師としての"センス" …………………………………………… 098

第4章 フォーマルなアセスメントを活用した子ども理解

解 説	検査結果を子ども理解とその支援につなげよう ………………… 100

実践事例1	小学部（6歳9か月） 国語
	「ひらがなの単語読み指導」 ……………………………………… 102

実践事例2	小学部（10歳7か月） 日常生活
	「縄跳び」 …………………………………………………………… 108

実践事例3	中学部（13歳1か月） 作業学習
	「リサイクル作業にチャレンジ～作業工程を覚えよう～」 … 114

実践事例4	高等部（15歳10か月） 日常生活
	「金銭管理の指導」 ………………………………………………… 120

コラム3	検査ってやったほうがいいの？ ………………………………… 126

第5章 日常の困り感から見えてくる子ども理解のポイント

解 説	困った行動の背景に目を向けよう ………………………………… 128

Q&A 1	小学部（1年生） 自立活動
	「どうやったら学校のトイレに行けるのでしょうか？」 …… 130

Q&A 2	小学部（3年生） 日常生活
	「学校で落ち着くにはどうしたらよいでしょうか？」 ……… 132

Q&A 3	小学部（4年生） 日常生活
	「環境の変化に対応するためにはどうしたらよいでしょうか？」 134

もくじ

Q&A 4	小学部（6年生） 日常生活
	「自分から取り組むにはどうしたらよいでしょうか？」 …… 136

Q&A 5	中学部（1年生） 日常生活
	「身だしなみを教えたいのですが……」 …… 138

Q&A 6	中学部（1年生） 地域活動
	「バスを利用した通学を希望していますが……」 …… 140

Q&A 7	中学部（2年生） コミュニケーション・対人関係
	「気になる行動にどのように対応すればよいでしょうか？」 …… 142

Q&A 8	中学部（3年生） 自立活動
	「ぎこちない動きはどう支援すればよいでしょうか？」 …… 144

Q&A 9	高等部（1年生） 日常生活
	「もらった給料で好きな買い物を」 …… 146

Q&A 10	高等部（1年生） 個別指導
	「学校に行くのはむずかしいけれど，いつかは働きたいと思っています」 …… 148

Q&A 11	高等部（2年生） 進路・作業
	「指先が器用に動かせずに困っています」 …… 150

Q&A 12	高等部（2年生） 進路・作業
	「実習先で落ち着いて仕事ができるか心配です」 …… 152

コラム4　一緒に悩む仲間をつくる～検索場所はすぐそばに～ …… 154

第1章

特別支援教育の基本理論と臨床

▼

理論1　「学び」の基礎理論

理論2　「観察」を通した子ども理解

理論3　「チェックリスト」を活用した子ども理解

理論4　「検査」を通した子ども理解

理論5　「授業」を通した子ども理解

理論6　「育ち（発達）」を踏まえた指導

理論7　「学び」の原則を踏まえた指導

理論8　「認知」の特性を踏まえた指導

理論1 「学び」の基礎理論

❶子どもの「二項関係」「三項関係」の成立

　赤ちゃんは，見るもの・聞くものすべてに興味を示し，目をらんらんと輝かせながら，対象物を凝視するものです。この凝視によって，「自己」と「他者」または「自己」と「物」の「二項関係」が成立し，生後9か月頃からは，「自己」と「他者」と「物」の「三項関係」へと発達していくといわれています。

　「他者」が指さしたものや視線を向けたものに「自己」の視線を移し，対象物に対する注意の共有「共同注意」が成立するのは，「三項関係成立」の典型例といえます。この行為は，他者の意図を理解すること，または意図を理解しようすることが前提になっています。したがって，この三項関係の成立は，さまざまな学習や社会生活を営むうえで，とても重要な行為であるといえます。しかし，発達の遅れなどにより，子どもに三項関係がなかなか成立しない場合があります。このような場合は，二項関係から三項関係に移行するための指導上の配慮や工夫が求められることになります。

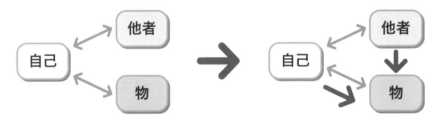

図1　二項関係から三項関係への移行

> **エピソード**
> ### 指さした物に注目してくれないAさん
> 　Aさんは小学部1年生の女子です。耳もよく聞こえていますし，目も悪くありません。そのため授業中は，いろいろな物を見てほしい，聞いてほしいと思い，さまざまな教材を用意するのですが，見てほしいとき，聞いてほしいときになかなか注目してくれません。特に，先生が少し離れた物を指さしたときは，指さされた物に視線を向けることがほとんどできません。
> 　Aさんは視力や聴力に問題はないことから，まだ人や物への関心が薄いのかもしれません。つまり，Aさんと先生との関係や，Aさんと物との関係もまだまだ弱いのでしょう。この場合，まず物や他者との関係（二項関係）を十分深めるような活動が重要になります。十分な時間をかけて，まず二項関係をしっかりつくることができたら，三項関係へと発展させます。三項関係の成立に向けて，「近距離の物を指さしてから，その物を取る」といったかかわりから少しずつ始めていきましょう。

❷ 学習の成立

　子どもは，さまざまな経験を通して知識や技術を獲得していきます。こうした新しい知識・技術の獲得や，さまざまな行動の持続的な変容過程または結果を「学習」と呼んでいます。教室場面でみられるおもな「学習」に，「オペラント条件付け」による学習と「観察」による学習，「洞察」による学習などがあります。どの学習も，基本的には同じ状況がくり返されることによって定着していきます。

①「オペラント条件付け」による学習

　B.F. スキナーによって定式化された学習理論で，目標行動に強化因が随伴することによって目標行動の定着が得られるというものです。たとえば，1年生の児童が，すばやい着席行動を先生から何回もほめられることにより，言われなくても席につけるようになることもその一例です。

②「観察」による学習（モデリング）

　A. バンデュラによってつくられた学習理論で，直接体験しなくとも，モデルを見る（観察する）ことによって，モデルの行動を間接的に学習することができるというものです。たとえば，友達が先生に叱られているのを見て，「○○はしてはいけない」ということを学ぶのもその一例です。

③「洞察」による学習

　W. ケーラーが，チンパンジーの実験から導き出した学習理論で，問題解決場面で，過去の経験などを基に，その場の再構成を図って行う「課題解決方略」です。たとえば，短い棒ではバナナに届かないことを知ったチンパンジーが，短い棒で長い棒を引き寄せ，この長い棒を使ってバナナを取ることができたというのもその一例です。

エピソード
授業中に何度もトイレに行きたがるBさん

　Bさんは小学部2年生の男子です。音に敏感で，頻繁に耳ふさぎが見られます。最近は授業中に何度もトイレに行きたがり，特に音楽の時間になると，トイレに行ったばかりでもすぐにトイレへ行くことを要求します。実際にトイレに連れて行くと，わずかですが，毎回排尿が見られます。休み時間まで我慢することを促しても「トイレ行く」を連発し，なかなか納得してくれません。

　音に敏感なBさんは，授業が騒々しくなる音楽の時間がとても不快に感じるのかもしれません。そんなとき，トイレに行くと騒々しさもなくなり，不快な気持ちが解消するのでしょう。つまり，Bさんはうるさくて不快な音（弁別刺激）がある場面で，トイレに行くと心地よくなるので，トイレに行くという行動が増えている（学習されている）と考えられます。こうした場合，行動のきっかけとなる「騒音」に対する配慮が重要となります。

理論2 「観察」を通した子ども理解

❶ 観察における「場面見本法」

　子どもを理解する方法の一つに「観察法」があります。観察は，学校現場では日常的になされている方法ですが，意図的・計画的に観察することは意外と少ないかもしれません。逆をいえば，子どもたちを何気なく，ぼんやりと観察していることの方が多いかもしれません。

　もし，意図的・計画的に子どもを観察できたら，子ども理解をさらに深めることができるでしょう。調べたいことと特定の場面との関係性が強い場合は，場面を設定して観察する「場面見本法（Situation Sampling Methods）」が効率的です。

　場面見本法では，調べたい行動が頻繁に出現する場面を選んで，その行動がどれくらいの頻度で出現し，どんな要因によって引き起こされるかを分析します。たとえば，友達とのかかわりや遊び方を明らかにしたい場合は，教科学習の場面を観察するよりも，中休みや昼休みの自由場面を観察する方がよくわかるでしょう。

　観察場面を見誤ると，必要とする情報は十分に得られなくなる可能性があります。したがって，明らかにしたい行動が生起しやすい場面を適切に選定して観察することが重要となります。また，観察記録をつける場合も，記録すべき内容を事前に整理し，チェックリストの作成や活用といった工夫が，効率のよい，質の高い観察につながります。

> **エピソード**
> **着替えがスムーズにできないCさん**
> 　Cさんは小学部3年生の男子です。登校後の着替えがなかなかスムーズにできません。カバンを背負ったまま，学級内をフラフラしています。それで先生が「着替えだよ」と声をかけると，カバンを下ろすのですが，またフラフラしてしまいます。こんな調子で，着替えが終わるまでに何度も声がけが必要になっています。
> 　Cさんは，文字の読み書きが得意ですが，朝の着替えに時間がかかることから，朝の着替え場面におけるCさんの行動観察を5日間行いました（「場面見本法」）。その結果，教室内の掲示物や友達の動きに目を奪われ，行動が止まってしまうようでした。しかし，着替えの一つ一つの行動は一人でできていることがわかりました。そこで，まずは掲示物などの余計な物がない部屋で，だれもいない状況の中，「着替え手順表」を見ながら，一連の着替えを連続してできるように指導しました。次は指導場所を教室に戻し，だれもいない時間に着替えができるようにし，最後は，友達がいる中での着替え指導を行いました。その結果，Cさんもいまではスムーズに着替えができるようになっています。

❷ 観察における「時間見本法」

　問題行動など特定の行動の頻度やその変化などを知りたい場合は，事前に定めた一定時間を継続的に観察する「時間見本法（Time Sampling Methods）」を用います。

　時間見本法は，行動を数量的に扱う場合に用いられ，その頻度や時間が問題となります。たとえば，1時間を5秒または10秒ごとに区切って，対象行動の生起をチェックするといった具合です。もし10秒ごとに分析する場合，1時間で360コマの場面を設定し，その1コマごとにターゲットとなる行動が生起しているかどうかを記録することになります。

　実際には，その行動が生起しているかどうか判断できない場合もあれば，記録中にその行動を見逃してしまう場合もあります。したがって，観察すべき行動をビデオなどで記録し，後で，ビデオを見ながらターゲットとなる行動の出現の有無を記録していくことが多いようです。

　映像として観察場面の様子が保存されていると，必要に応じて何回も見直すことができるので，とても便利です。また，ビデオを見ても，対象行動が生起しているかの判断がむずかしい場合があるため，複数の評価者がビデオを見て判断することにより，観察結果の妥当性を維持できるようにします。

　時間見本法においても，観察対象となる行動を整理し，どの行動がどのタイミングで生起しているかをチェックできる記録表を事前に作成しておくと，必要な情報を効率よく収集することができます。

エピソード

作業になかなか集中できないDさん

　Dさんは中学部2年生の男子です。能力は高いのですが，作業になかなか集中できません。彼は紙箱の組み立てをしているのですが，作業中，他の生徒の行動や発言に反応して，たびたび作業を中断してしまいます。その都度，注意されるのですが，なかなか改善しません。作業量も日によって大きく異なり，作業中断の原因が必ずしも特定のもののようには思えません。

　こんなときは，Dさんの作業の様子をていねいに観察し，「時間見本法」を用いて分析するとわかるかもしれません。たとえば，作業開始後，Dさんの集中が途切れやすくなる20分後から10分間，作業の様子をビデオに録画します。このビデオを5秒（120コマ）または10秒（60コマ）単位で，「作業行動」と「非作業行動」を判定し，分析を進めます。非作業行動と判定した場面がどんな要因によって引き起こされているかを検討することによって，具体的な対応が可能になるかもしれません。また作業条件を変えて，どの作業条件がDさんにとって，より集中した作業を促すかを検討することも可能となります。

理論3 「チェックリスト」を活用した子ども理解

❶ 簡便なチェックリストを活用した子ども理解

　子どもの調べたい行動が多岐にわたっている場合や，詳細に分析したい場合には，事前に観察対象行動のチェックリストを作成して観察すると，より正確なデータを得ることができます。また，チェックリストを作成することにより，子どもの行動を予測するとともに，どのような行動を観察対象とするのか整理することにもなります。指導場面では，子どもにさまざまな行動が連続して起きるため，チェックリストを活用することによって，観察対象行動の周辺事象に目を奪われることなく，効率のよい評価ができるようになります。

　観察の目的によって使用するチェックリストの内容は大きく異なります。行動問題の種類とその頻度を調べる場合は，表1のような簡便なものでもよいかもしれません。特に詳細に記録をとるのがむずかしい場面や記録すべきことが限定されている場合は，こうした簡便なチェックリストが役立ちます。

表1 簡便なチェックリストの例

○月×日（場面：△△△△　）対象：◆◆

行動問題	頻度	備考
奇声	正	
離席	正正T	
自傷	正	手噛み
他害		
泣き	T	周囲を確認しつつ
つば吐き		
お漏らし		
常同行動		

　子どもの学習状況などを調べる場合は，子どもが習得している知識やスキルがどの段階にあるかを評価できるような，より詳細なチェックリストが必要となります。

　たとえば，ひらがな書字をチェックする場合は，それぞれの文字に対し，

　（評価5）「一人で書ける段階」　　（評価4）「ときどき援助が必要な段階」

　（評価3）「視写なら書ける段階」（評価2）「なぞり書きなら書ける段階」

　（評価1）「全く書けない段階」

といった具合に，子どもの実態を臨床的に評価できるような具体的基準を定めます。

　このように，目的に応じたチェックリストと具体的評価基準を用いることによって，より具体的な子ども理解につながるのです。

❷「指導略案」を活用した学習活動のチェックリスト

　一般に指導略案を作成するときには，学習に参加する子どもたち一人一人の実態を頭に思い描きながら，学習の目標や活動内容を検討します。この指導略案に示された学習活動や課題項目などを，子どもたちの活動を評価するための「評価項目」として利用することができます。

　表2は，体育の指導略案から学習活動・課題項目の一部抜粋し，各項目を5段階で評価できるようにした学習活動のチェックリストの例です。「〇〇をする」という学習活動を，どのレベルで行うことができるのかを，評価基準に従ってチェックしていきます。

　このように，指導略案を子どもの「学習活動のチェックリスト」として活用すれば，子どもの実態を再確認したり，指導のときにどのような配慮が必要かを事前に検討したりすることができます。

表2 指導略案を活用した「学習活動のチェックリスト」の例

	学習活動・課題項目	評価
サッカー型ゲーム	□インサイドキックでパスをする。	5・4・3・2・1
	□ボールをコントロールしながらドリブルする。	5・4・3・2・1
	□友達を意識してパスをつなぐ。	5・4・3・2・1
	□友達が出したパスを取りやすいように声かけや動きを工夫する。	5・4・3・2・1
	□進んでサッカー型ゲームに取り組む。	5・4・3・2・1
ルール・協力	□ゴールまでボールをつなぐという目的を共有する。	5・4・3・2・1
	□友達と励まし合いながらゲームに参加する。	5・4・3・2・1

> **エピソード**
> ### 臨床研修会で活用した学習活動のチェックリスト
> 　北海道教育大学附属特別支援学校の臨床研修会では，研修会に参加した先生方（研修生）が，附属の子どもを観察し，それに基づく指導を実際に行ってもらうことになっています。しかし，子どもの実態が全くわからない研修生は，附属の先生方による師範授業を観察することにより，その実態を把握するしかありません。そこで用いるのが，指導略案に基づく「学習活動のチェックリスト」です。つまり，師範授業で展開される先生と子どもとのかかわりから，子どもの実態を推理してもらうわけです。もちろん，たった一度の観察ですべての実態を把握することはできませんので，まずは師範授業プレビデオを見てアセスメントし，その後，実際の師範授業を見て二度目の評価を行ってもらいます。評価の観点は授業に直結していますので，研修生のチャレンジ授業に必要な基本情報はほぼ収集することができます。またチャレンジ授業で配慮した点や教材教具の工夫が，子どもの学習活動にどのように反映されているかを評価する場合にも，「学習活動のチェックリスト」がとても役立つのです。

「検査」を通した子ども理解

❶ 簡便な「発達検査」

　発達検査には，さまざまなものがありますが，それぞれに特徴があり，状況や目的に応じて使い分けられています。

　たとえば，「**新版 K 式発達検査**」は，相談機関や医療機関などで広く使われています。特別支援学校では，実施の簡便さから「**遠城寺式乳幼児分析的発達診断検査**」が使われることが多いようです。

　遠城寺式乳幼児分析的発達診断検査では，子どもの直接観察や保護者面談から発達状況を見極めます。検査の適用年齢は，0 歳から 4 歳 7 か月未満までとなっていますが，発達が遅れている場合には，適用年齢を超えていても参考値として実施が可能です。

　チェックできる領域は，「運動（移動運動・手の運動）」「社会性（基本的習慣・対人関係）」「言語（発語・言語理解）」の 3 領域で，各年齢でできることやわかることが 1 枚の表に収められています。このため，本表を携帯することにより，日常的に発達状況をチェックすることが可能です。また，子どもの発達状況が折れ線グラフで示されるため，発達が遅れている領域や，前回のチェック時よりどの領域がどの程度伸びているのかが一目でわかります。

> **エピソード**
>
> ### 検査が実施できない E さん
>
> 　E さんは小学部 1 年生の女子です。排泄の自立ができていません。簡単な指示は理解できるようですが，単語レベルの表出で，十分なコミュニケーションが取れないため，どこまで理解しているか客観的な実態把握ができていません。
>
> 　特別支援学校では，こんなことがよくあります。自分なりに子どもを理解して指導してはいるのですが，どこか確信がもてないのです。
>
> 　E さんの場合，確かに本人に知能検査などを実施することはむずかしいようですが，観察を中心とした発達検査を使って，保護者からの情報や普段の観察から，おおよその発達段階を知ることができます。特に遠城寺式乳幼児分析的発達診断検査は，項目が 1 枚の記録用紙にまとめられているので，授業などへの携帯が可能で，必要に応じて子どもの発達状況を確認したり，再チェックしたりすることが可能です。
>
> 　なお，遠城寺式乳幼児分析的発達診断検査の適用年齢は 4 歳 7 か月未満ですが，適用年齢を超えていても，発達状況が 4 歳 7 か月未満であれば，参考値としてチェックすることができます。

❷ 教育的活用が可能な「知能検査」

　従来，知能検査は診断のためのツールとして活用されてきましたが，最近は教育にも積極的に活用されています。特別支援教育においては，単に知能指数（IQ）値を知るだけではなく，各検査の指標や尺度間における個人内差に着目し，そこから指導の手がかりや配慮事項などを導き出すために活用されています。中でも，「KABC-Ⅱ」や「WISC-Ⅳ」は，学習や日常生活でつまずきを示す子どもたちの理解や指導に役立てられています。

① 　KABC-Ⅱ（適用年齢：2歳6か月～18歳11か月）

　KABC-Ⅱには，認知尺度と習得尺度という2つの大きな尺度があります。その2つの比較を行うことにより，現在の学力が，その子の能力を十分に反映したものであるかを分析することができます。

　もし習得尺度が認知尺度よりも有意に劣っている場合には，その子のもつ能力が十分に生かされていない可能性があり，学習方法などを再検討する必要があります。また逆に，習得尺度が認知尺度よりも有意に優れている場合は，学習がその子にとって過度な負担となっている可能性があるため，指導目標や指導内容などの再検討が必要かもしれません。

　認知尺度は，「継次尺度」「同時尺度」「学習尺度」「計画尺度」の4尺度から構成されており，これら4つのバランスを見ることで，その子の認知特性がよくわかるようになっています。特に「継次尺度」と「同時尺度」に大きな差がある場合には，強いほうの情報処理特性に合わせた指導方法を工夫することで，より効果的な学習が期待できます。

　同様に習得尺度も，「語彙尺度」「読み尺度」「書き尺度」「算数尺度」の4尺度から構成されており，教科指導だけでは得られにくい，その子の得意領域と不得意領域を明らかにできるようになっています。

② 　WISC-Ⅳ（適用年齢：5歳～16歳11か月）

　WISC-Ⅳは，子どもの知的機能水準を示す全検査IQ（FSIQ）を調べることができます。

　また，4つの指標（言語理解指標：VCI，知覚推理指標：PRI，ワーキングメモリ指標：WMI，処理速度指標：PSI）の凹凸を見ることにより，その子の得意な領域と苦手な領域を客観的に理解することができます。もっと詳しく知りたい場合は，4つの指標間の差やそれぞれの指標の下位検査間の差を見ることで，さらに詳しい情報が得られるようになっています。

　このようにKABC-ⅡやWISC-Ⅳといった知的機能を測定する検査によって，適切な教育を進めていくための重要な情報が数多く得られます。特に，検査結果の個人内差に注目し，高い能力を積極的に活用するとともに，弱い能力に配慮した指導（長所活用型指導）を検討することは，子どもの学習意欲を高め，学習の効率を上げることにつながります。

　なお，KABC-ⅡやWISC-Ⅳのような標準化された検査を用いることを，フォーマルなアセスメントといいます（詳細と事例は第4章参照）。

理論5 「授業」を通した子ども理解

❶ 授業における「診断的評価」「形成的評価」「総括的評価」

　授業における評価は,「診断的評価」「形成的評価」「総括的評価」の3段階があります。

　まず「診断的評価」は,子どもの実態を把握するためのものです。学期や単元のはじめ,授業の開始時などに行います。評価の対象には,学力だけではなく,子どもの生活経験の実態や,学習に対する興味関心といったものも含まれます。子どもの行動観察や教師からの確認的行動などは,評価という意識がなくても,ベテランの教師なら日常的に行っているものだと思います。

　また,診断的評価は,授業の指導目標や指導内容および指導方法を検討する際のベースとなります。特に特別支援学級や特別支援学校では,子どもたちの能力差がとても大きいことから,診断的評価は欠くことのできない重要なものであり,この結果をどのように授業での指導に反映させるかが,教師の腕の見せどころとなります。

　次に,「形成的評価」は,指導の過程で行う評価です。子どもの理解度や学習の進み方をていねいに確認することで,指導の妥当性を確認したり,目標を見直したりします。3つめの「総括的評価」は,単元終了時や学期末・学年末に行う評価です。一定期間にどのような力が身についたか,どのくらい学力が伸びたかをみるなど,成績に直結した評価といえます。

> **エピソード**
> #### 指導がなかなか進まないFさん
>
> 　Fさんは中学部1年生の男子です。市内の小学校から特別支援学校へ入学してきました。元気がよくおしゃべりなFさんは,友達や先生に積極的に働きかけてきます。そこで,特別支援学校では能力の高い子として指導を組んだのですが,実際に指導してみると,できることとできないことの差が大きく,思うように指導が進みません。
>
> 　実は,こうした事例は,よく耳にします。Fさんのようにお話をよくする子は,一見,いろいろなことができるように見えるため,過大に評価されてしまうのです。
>
> 　今回のケースでは,Fさんの入学時に,学力や認知特性などを客観的にしっかりとチェックしなかったことに問題があると考えられます。まさしく,学期はじめの「診断的評価」を適切に行わず,Fさんの会話の様子から「いろいろなことがわかる,できる」と勝手に判断して指導を進めてしまったわけです。
>
> 　一人一人に応じた指導をするために,「診断的評価」は欠くことのできないものです。特に,読む力,書く力,計算する力,推理する力,運動技能などを,指導の年間計画に従って,時間をかけてていねいにチェックしておく必要があります。

第1章 ●特別支援教育の基本理論と臨床

❷ 授業における「観点別学習状況」

　通常学級の授業では，学年ごと，教科ごとに学習内容がほぼ定まっています。教科書もそれにあわせて作成され，「知識・技能」「思考・判断・表現」「主体的に学習に取り組む態度」といった観点別に，評価の目安となる参考資料も豊富に用意されています。

　いっぽう特別支援学級や特別支援学校の授業では，学習内容の大部分を，クラスの子どもの実態に応じて編成していきます。いわばオーダーメイドです。そのため，評価の基準についても，子どもの実態や学習内容に合わせて用意する必要があります。

　特別支援学級や特別支援学校の授業は，通常学級の学習指導要領に「準ずる」とされていますが，観点別評価についても，このまま持ち込むのはむずかしいのが実情です。子どもの能力の差が非常に大きいため，もっと小さなステップで具体的な視点が必要となります。

　たとえば，国語の授業を組む場合，その単元でどのレベルの「読む力・書く力」を求めるのかを，ていねいに設定します。「単語を書くことができる」「短文を書くことができる」「感想を書くことができる」といったレベルと，そこで扱う文字や語彙，読み書きの技能などを，子どもの実態に照らしながら具体的に明確にしていきます。「聞く力・話す力」などについても同様です。

　このように，評価基準や評価方法についてあらかじめ考えておくことは，とても重要です。授業の流れに沿ったチェックリストを作成しておくと，子どもの実態を把握したり，授業における子どもの「学習状況」を具体的にとらえたりする有効な方法となります（詳細と事例は第2章参照）。

> **エピソード**
> ### 細やかな学習評価がなかなかできません！
>
> 　ある研究授業の討議で，若い先生が正直な悩みを話されました。「子どもたちの大まかな実態把握はできているものの，一人一人を十分に評価できていません。何をどのように評価してよいかもわからないまま，指導だけが進んでいく状況です」と。
>
> 　おそらく，経験の浅い若い先生なら，だれでも似たような悩みをもったことがあると思います。子ども一人一人をていねいに評価していくことの大切さを理解しているだけに，たくさん悩むのでしょうね。
>
> 　そこで，一つの方法として，子どもたちに求められる知識や能力に，具体的にどのようなものがあるかを明らかにしておくことをおすすめします。
>
> 　ある単元の指導略案の活動場面に沿って，そこでの学習に必要な知識や能力をリストアップし，それぞれについて「一人でできる」から「全面的に支援が必要」まで，5段階程度の評価基準を設定します。このリストに基づいて，子どもの学習状況を評価していくのです。1単元であっても，さまざまな学習活動（場面）が含まれるため，子どもの実態を複数の視点から評価することができます。短期間で子どもの実態が大きく変化することは少ないため，必要に応じて実施すればよいので現実的です。

019

理論 6 「育ち（発達）」を踏まえた指導

❶「手指の巧緻性」の発達

　手指を器用に操れるかどうかは，日常生活スキルの獲得や書字などのアカデミックスキルの獲得も大きな影響を及ぼします。ですから，子どもの発達段階を的確に押さえ，それに合った適切な指導内容と指導方法を検討することが重要です。

　手指技能の大まかな発達は，遠城寺式乳幼児分析的発達診断検査の「手の運動」で見ることができます（表3）。また書字などにかかわるような微細な手指のコントロールについては，フロスティッグ視知覚発達検査の実施によって，その詳細を見ることができます。

　三塚（1994）の研究によると，書字能力は手指の巧緻性を含む視知覚の発達と関係が深く，フロスティッグ視知覚発達検査において，PA（視知覚発達年齢）が4歳3か月程度の発達が必要であると述べています。

表3 遠城寺式乳幼児分析的発達検査（一部抜粋）

年齢	手の運動
4.4～4.8	紙飛行機を自分で折る
4.0～4.4	弾むボールをつかむ
3.8～4.0	紙を直線に沿って切る
3.4～3.8	十字を書く
3.0～3.4	ボタンをはめる
2.9～3.0	ハサミで紙を切る

エピソード

書字指導がなかなか進まないGさん

　Gさんは小学部2年生の男子です。簡単な指示は理解できますが，文字には全く興味を示しません。保護者から，自分の名前だけでもよいから書けるようにしてほしいという希望があり，クレヨンで名前をなぞる指導をしてきました。Gさんに課題を提示すると，名前をなぞろうとはしますが，部分的ななぞりが多く，なかなか指導が進みません。

　書字が可能になるには，手指の巧緻性や視知覚の発達などのほかにも，さまざまな能力の発達が関係します。たとえば，水谷・飯高（1991）は，音韻分析能力が書字能力と深くかかわっていると述べています。また河野（2008）は，書字学習の前提に「読み」があることを指摘しています。

　Gさんの場合，まず手指の巧緻性や視知覚の発達がどんな段階にあるかを明らかにする必要があります。もし知覚発達年齢が4歳3か月程度に達していない場合は，色塗りや形の弁別などの指導が優先されるかもしれません。あるいは知覚には問題なく，読みの指導が優先されるかもしれません。また，検査結果を示すことにより，文字を書くために，いま何をすべきかを，保護者にも理解してもらうことにもつながるでしょう。

❷「認知」の発達

知的発達の獲得過程については，自分の子どもを観察してまとめ上げた「ピアジェの認知発達理論」（図2）が有名です。現代人の発達とは少しずれるところも見られますが，おおむね，この発達理論が支持されています。特別支援学校では，同じ12歳でも「直観的思考段階」の子もいれば，「具体的操作段階」の子もいるため，子どもの認知発達に応じた指導内容や指導方法を検討する必要があります。特に，「直観的思考段階」の子どもたちは，量や保存に関する概念が十分にできていないため，指導には配慮を要することになります。

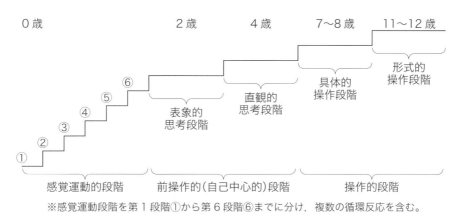

※感覚運動段階を第1段階①から第6段階⑥までに分け，複数の循環反応を含む。

図2 ピアジェの認知発達理論

> **エピソード**
> ### 計算がスムーズにできないHさん
> 　Hさんは中学部2年生の女子です。係の仕事や作業学習に意欲的に取り組んでいます。いっぽう，数学では，計算が上手くできず，数をあてずっぽうに言ってしまいます。そのたびに，実際に物を数えさせたりするのですが，指さしと数が一致しないことが多くあります。
> 　Hさんのように，数量概念が十分に身についていない場合，ピアジェの認知発達段階では，「直観的思考段階」から「具体的操作段階」にあると考えられ，ていねいな指導が必要です。特に，サビタイジングといわれる4以内の直観的な数量把握の経験をたくさんもたせることが重要です。一つ一つ数えて量を確認することも大切ですが，その前に「耳は2つ」「目は2つ」といった具合に，数えなくても理解できる量をていねいに学習していくことが大切なのです。ほかには，たとえば，サイコロの目を見て，すぐさま数が言えるといった学習も，数量操作を行うための基礎となります。

「学び」の原則を踏まえた指導

❶ 三項随伴性

　子どもが何らかの決まった反応（行動）をする場合，その反応の前には「**弁別刺激**」があり，それによって子どもの反応が引き出されたと考えます。反対に，何らかの反応を期待する場合は，それを引き起こす弁別刺激を工夫する必要があります。これを「**弁別刺激の操作**」といいます。

　たとえば「みなさん，自分の席に座ってください！」という先生の指示は，子どもたちの「座る」という行動を引き起こします。さらに，「Aちゃんは早く座れたね」というほめ言葉は，この行動を定着させる「**強化因**」となります。

　このような「弁別刺激」と「反応」および「強化因」の関係を「**三項随伴性**」といいます。

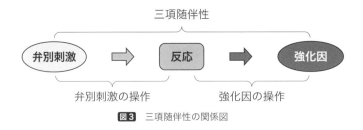

図3　三項随伴性の関係図

> **エピソード**
> **自傷行動が増加したIさん**
> 　Iさんは小学部5年生の男子です。授業中に，突然自分の頭を叩き始めたり，手の甲を噛み始めたりします。先生が「痛いからやめようね」と注意するのですが，なかなかやめてくれません。仕方なく，他の先生に別室で対応してもらうことが多く，その頻度がどんどん増えているようです。
> 　自傷行動が出現する場合，なぜ出現するのか（弁別刺激），またなぜ頻発するのか（強化因）を考える必要があります。まず，Iさんの自傷行動が起こるのはどんな場面が多いかを分析すると，教室が騒がしい場面や，むずかしい課題を要求されている場面であることがわかりました。もしこのように共通する理由があれば，それを軽減する配慮が必要になります。
> 　Iさんの場合，自傷行動をすると苦手な状況から逃げ出せることから，別室で過ごすことが強化因になっている可能性が考えられます。したがって，自傷行動の引き金となるストレス状況を減らすとともに，自傷行為が起きても可能な範囲で無視をしていくことが重要です。

❷ 強化スケジュール

「強化スケジュール」とは，行動を定着させるために，どのように強化因を与えていくかという方法のことです。一般的には，「連続強化」と「部分強化」に分けることができます。

① **連続強化**

期待する反応すべてに「強化因」を随伴させる場合を指します。期待する反応すべてに対して，毎回強化を行います。

② **部分強化**

2回に1回，または3回に1回といった具合に，期待する反応に対してときどき強化することを言います。「部分強化」はさらに，「比率強化」と「間隔強化」に分けることができます。強化を行う割合を一定の比率にしたり，一定の間隔にしたりするなど，状況に合わせて変化させ，最終的には，強化がなくても行動が起こせるようにします。

強化スケジュールで重要なことは，「連続強化」から「部分強化」に変化させることにより，反応の定着を強めるということです。指導場面では，図4に示すようなイメージで強化スケジュールを組むことが理想的です。

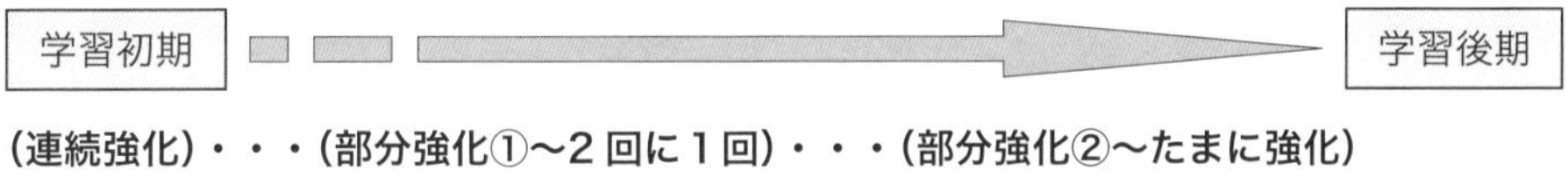

（連続強化）・・・（部分強化①～2回に1回）・・・（部分強化②～たまに強化）

図4 学習における一般的な強化スケジュールモデル

エピソード
自発的な行動が定着しないJさん

Jさんは小学部3年生の男子です。何事にも慎重で，自分からはなかなか友達とかかわろうとしません。Jさんが自分から友達にかかわったときには，いっぱいほめるのですが，なかなか自分からかかわる行動が増えていきません。むしろ，ほめると耳を塞いだり，行動が止まってしまったりすることもあります。

自分から友達とかかわろうとはしない原因の一つに，他者への関心の薄さが考えられます。この場合は，まずは先生との関係をしっかりと構築し，そのうえで，少しずつ興味・関心の対象を広げていく必要があります。その意味で，いまJさんに友達へのかかわりを積極的に求めるのは，ハードルが高いのかもしれません。

まずは先生に対する自発的なかかわり行動が見られたときに，それを積極的に強化し，その頻度を高めていきます。そこに加えて，友達とのかかわりが見られたときに先生がほめると，その行動は増えていくように思います。また，ほめ方も工夫する必要があります。なんでも同じようにほめればよいのではなく，Jさんにとって心地よかったり嬉しかったりするほめ方の工夫が必要となります。

理論8 「認知」の特性を踏まえた指導

❶ 認知における「PASS理論」

脳の認知機能に関する最新理論に「**PASS理論**」があります。PASS理論では，脳に入力された刺激に「**注意**」が向けられることにより，その刺激が「**符号化**」され，認識したものが出力されると考えられています。また，「注意」や「符号化」の機能をコントロールしながら，適切な認知に導くための機能として，「**計画**」機能があげられています。

「符号化」の機能においては，さらに「**同時処理**」と「**継次処理**」という2つの情報処理が想定されています。「同時処理」は複数の情報を統合する機能が，「継次処理」には入力された刺激を時系列に順番に処理する機能が想定されています。

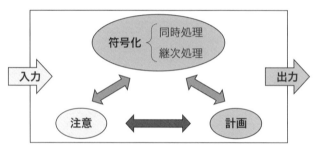

図5 PASS理論における3機能

> **エピソード**
> ### 作業工程がなかなか覚えられないKさん
> 　Kさんは高等部1年生の男子です。好奇心旺盛で，いろいろなことにチャレンジします。手先も器用で，少し練習すると，大体のことはできるようになります。ただし，作業工程の多い作業が苦手です。一生懸命に取り組むのですが，作業工程を飛ばしたり，不完全なまま作業を終了してしまったりするといったミスが多くみられます。
> 　一生懸命に作業してもミスが多いと，注意を受けることも多くなり，作業意欲が低下してしまいますよね。
> 　一般に，手順に沿った作業が苦手な場合は，「符号化」機能の「継次処理」に弱さがあると考えられます。また作業工程やチェック項目を頭に置きながら作業することが苦手な場合は，「ワーキングメモリ」や「計画」機能の弱さについても検討する必要があります。もしこれらのことが予想される場合は，作業工程をいくつかのブロックに分け，それらの工程が一目でわかるような視覚的な作業工程確認書を作成して，Kさんが作業工程をチェックしながら作業させるとよいかもしれません。

❷「同時処理的アプローチ」と「継次処理的アプローチ」

さきに述べた「符号化」機能のうち,「同時処理」と「継次処理」に大きなアンバランスさのある子どもがいます。「同時処理」の方が「継次処理」よりも得意な場合もあれば,その逆もあります。このような場合には,その子どもの得意な情報処理様式を強調する指導方法を用いることにより,学習をスムーズに進められると考えられています(長所活用型指導)。

たとえば,同時処理が得意な子どもならば,表4にあるような「同時処理的アプローチ」を適用し,全体を踏まえた教え方で,視覚的・運動手がかりなどを用いるようにすると,効果的に学習を進めることができます。反対に,継次処理が得意な場合は,順序性を重視するなど「継次処理的アプローチ」が有効となります。

表4 同時・継次処理的指導アプローチ

同時処理的	継次処理的
全体を踏まえた教え方	段階的な教え方
全体から部分へ	部分から全体へ
関連性の重視	順序性の重視
視覚的・運動的手がかり	聴覚的・言語的手がかり
空間的・統合的	時間的・分析的

エピソード
単語レベルの読みが苦手なLさん

Lさんは小学部3年生の男子です。文字の読みが苦手で,これまで,ひらがな清音の50音を一文字ずつていねいに指導してきたのですが,なかなか覚えられません。特に単語カードは読まずにあてずっぽうに答えることが多いため,一文字ずつ指さしながら読む練習をしましたが,上手くいきません。

これまでの指導方法は,継次処理的なアプローチが主だったといえるかもしれません。KABC-Ⅱを実施していないので,なんとも言えませんが,Lさんが同時処理優位であった場合,得意な情報処理様式を生かすことが有効かもしれません。

具体的には,文字を一文字ずつ教えるのではなく,「絵」を単語に添えて,文字列を一つの塊として認識させるようにします。そして学習が進めば,読みの手がかりとなっている「絵」を徐々に減らしていきます。

また,類似した単語をペアにして,文字の違いに気づかせていきます。たとえば,「かい」と「かさ」,「あめ」と「あし」といった具合です。2枚のカードの違いが判るようになれば,カードを3枚に増やし,少しずつ注目すべき文字の数や種類を増やしていくのです。このように,Lさんの認知特性に「全体から部分へ」「視覚的・運動的手がかり」などを活用すると,単語レベルの読みも進むかもしれません。

第2章 チェックリストを活用した子ども理解

解説
実践事例1　小学部　制作活動
実践事例2　小学部　調理
実践事例3　小学部　課題学習
実践事例4　中学部　体育
実践事例5　中学部　進路・作業
実践事例6　中学部　認知・概念
実践事例7　高等部　テーマ学習
実践事例8　高等部　音楽
実践事例9　高等部　数学

 # チェックリストを活用しよう

❶チェックリストについて

　本章で紹介するチェックリストは，北海道教育大学附属特別支援学校で実際に活用しているものです。授業の前に，教師が指導略案をもとに，子ども一人一人の「学習活動」「コミュニケーション」「行動問題」の様子についてチェックリストに記入し，子どもの様子や支援が必要な部分を明らかにしています。また，授業終了後には子どもがどう変わったかをチェックリストのまとめに記入して，振り返りに使用しています。

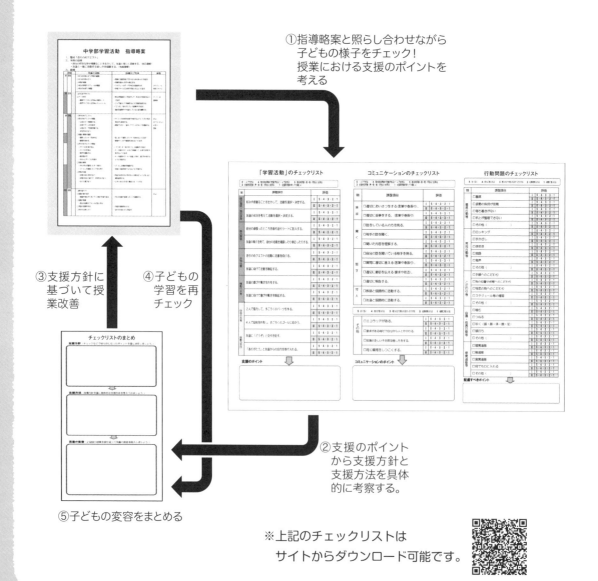

①指導略案と照らし合わせながら子どもの様子をチェック！授業における支援のポイントを考える

②支援のポイントから支援方針と支援方法を具体的に考察する。

③支援方針に基づいて授業改善

④子どもの学習を再チェック

⑤子どもの変容をまとめる

※上記のチェックリストはサイトからダウンロード可能です。

❷チェックリストの課題項目と評価基準

　学習活動のチェックリストは，教科や単元によって，ねらいを達成するために必要な学習活動を，授業者が具体的に項目を設定します。

　また，チェックリストへの評価はすべて5段階で行います。学習活動については，子どもに必要な支援量を5段階で記入します。コミュニケーションと行動問題については，そのような行動がどれだけみられるか（行動の表出状況）について5段階で記入します。

評価点	支援量による評価基準	行動の表出状況による評価基準
5	一人でできる	全く見られない
4	部分的な声かけ支援があると一人でできる	まれに見られる
3	部分的支援（視覚的支援・身体的支援）があるとできる	見られたり見られなかったりする
2	全面的な支援（声かけ支援・視覚的支援・身体的支援）があるとできる	比較的見られる
1	全面的支援があってもむずかしい	頻繁に見られる

❸チェックリストの記録と支援のポイント

　チェックリストへの記録から，授業の中で子どもに必要な支援量，支援対象となる行動の表出状況が明らかになります。チェックリスト全体からわかる子どもの実態と，その中で評価の低かった項目を照らし合わせながら，支援のポイントを考察し，具体的な支援の手立てにつなげていきます。

観点	課題項目	評価
サッカー型ゲーム	□インサイドキックでパスをする。	5・④・3・2・1
	□ボールをコントロールしながらドリブルする。	5・4・③・2・1
	☑友達を意識してパスをつなぐ。	5・4・3・②・1
	□友達が出したパスを取りやすいように声かけや動きを工夫する。	5・4・③・2・1
	□進んでサッカー型ゲームに取り組む。	⑤・4・3・2・1
ルール・協力	□ゴールまでボールをつなぐという目的を共有する。	⑤・4・3・2・1
	☑友達と励まし合いながらゲームに参加する。	5・4・3・②・1

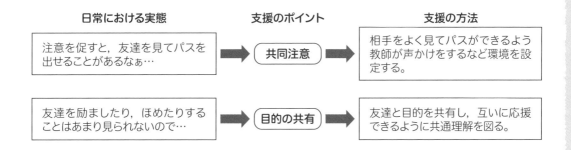

029

実践事例 1 　制作活動　自分だけのさかなを作ろう

❶ 学習活動の概要

本時の目標
- 絵を描いたり紙を貼ったりして，自分だけの魚の模様を作ることを楽しむ。
- 絵具，クレヨンなどの材料を使って，自分だけの模様を描く。

展開

前時までの振り返り	○前時までにできた海の作品を見る。 ○本時に作る魚の見本を見る。
魚を作る	○好きな色画用紙から魚の台紙を選ぶ。 ○好きな色のクレヨンを3本選んで模様を描く。 ○好きな色の絵具を選び模様を描く。 ○魚の目やひれのパーツを選んで貼る。
海に貼る	○完成した魚を海の台紙に貼る。 ○友達が魚を貼っているところに注目する。
鑑賞する	○完成した作品をみんなで見て，次時の活動に見通しをもつ。

data

授業について
- 児童：4人（男子2人／女子2人）
- 時数：2/5時間

シンタさんについて
- 自閉症のある小学部4年生男子
- 人の話を聞くことがむずかしい
- 学習には意欲的である

図1　魚の台紙を選んでいる様子

図2　完成した海の作品

❷ シンタさんの学習活動のチェックリスト

観点	課題項目	評価
表現	□自分の好きな色画用紙の魚の台紙を選ぶ。	⑤・4・3・2・1
	☑自分の好きな色のクレヨンを3本選ぶ。	5・4・3・②・1
	☑自分の好きな絵具を1または2色選ぶ。	5・4・③・2・1
	□好きな目やひれのパーツを選ぶ。	⑤・4・3・2・1
	□魚の模様として線などを描く。	⑤・4・3・2・1
	□魚の模様として色をつける。	⑤・4・3・2・1
材料・用具	□はさみで切る。	5・④・3・2・1
	□クレヨンで描く。	⑤・4・3・2・1
	□水彩絵の具で塗る。	⑤・4・3・2・1
	□両面テープをめくりとって貼る。	5・④・3・2・1
鑑賞	☑みんなで作った作品を注視するなど関心をもって見る。	5・4・③・2・1

ここからわかること！

① クレヨンや絵具は好きな色を1本しか選ぶことができません。
② 模様を描いたり，色を塗ったりすることはできます。
③ 友達の作品に注目することがむずかしいです。

第2章 ● チェックリストを活用した子ども理解

❸ シンタさんのコミュニケーションのチェックリスト

領域	課題項目	評価
あいさつ	□適切にあいさつをする(言葉や身振り)。	5・④・3・2・1
	□適切に返事をする(言葉や身振り)。	5・④・3・2・1
聞く	☑話をしている人の方を見る。	5・4・③・2・1
	☑相手の話を聞く。	5・4・③・2・1
	☑聞いた内容を理解する。	5・4・3・②・1
話す	□自分の話を聞いている相手を見る。	⑤・4・3・2・1
	□質問に適切に答える(言葉や身振り)。	5・④・3・2・1
	□適切に意思を伝える(要求や拒否)。	5・④・3・2・1
	☑適切に報告する。	5・4・③・2・1
対人	□教師と協調的に活動する。	5・④・3・2・1
	□友達と協調的に活動する。	5・④・3・2・1
その他	□エコラリアがある。	⑤・4・3・2・1
	□要求があるときだけ自分から人とかかわる。	5・④・3・2・1
	□抑揚の乏しい不自然な話し方をする。	⑤・4・3・2・1
	□同じ質問をしつこくする。	⑤・4・3・2・1

ここからわかること！
① 教師が話をしているときに教師の方を見ることがむずかしいです。
② 話を聞いて内容を理解することができてないことがあります。
③ 自分から要求を伝えることはできますが,作品が完成した後にできたことを教師に伝えることはできません。

❹ シンタさんの行動問題のチェックリスト

領域	課題項目	評価
着席行動等	□離席	⑤・4・3・2・1
	☑姿勢の保持が困難	5・4・③・2・1
	☑落ち着きがない	5・4・3・②・1
常同行動等	□ロッキング	⑤・4・3・2・1
	□手かざし	⑤・4・3・2・1
	□体叩き	⑤・4・3・2・1
	□独語	⑤・4・3・2・1
	□奇声	⑤・4・3・2・1
こだわり等	□手順へのこだわり	⑤・4・3・2・1
	□物の位置や状態へのこだわり	⑤・4・3・2・1
	□特定の物へのこだわり	⑤・4・3・2・1
	□スケジュール等の確認	⑤・4・3・2・1
自傷・他害行動等	□噛む	⑤・4・3・2・1
	□つねる	⑤・4・3・2・1
	□叩く(頭・顔・体・腕・足)	⑤・4・3・2・1
	□頭打ち	⑤・4・3・2・1
感覚過敏等	□聴覚過敏	⑤・4・3・2・1
	□触過敏	⑤・4・3・2・1
	□臭覚過敏	⑤・4・3・2・1
	□何でも口に入れる	⑤・4・3・2・1

ここからわかること！
① 集中力が切れると,姿勢が崩れてしまうことがあります。
② 落ち着きがなく,教師の話を聞いていないことがあります。
③ 話を聞けていないために,活動内容を理解できていないことがあります。

❺ シンタさんへの支援のポイント

● 学習活動

① クレヨンを選ぶことがむずかしいので…

→ **選択の工夫** はじめにクレヨンを３本選び、容器に好きなクレヨンを３本移してから、それを使って模様を描くようにする。

② 制作の活動にとても意欲的なので…

→ **活動の保障** 高い意欲を生かして、完成した後にもう一つ魚を作れるようにする。

③ みんなで作った作品に注目することがむずかしいので…

→ **友達への関心** 自分や友達の作品を積極的にほめることで注目を向けさせる（図３）。

図３ 友達の作品を称賛している様子

● コミュニケーション

① 教師が話をしているときに、注目することがむずかしいので…

→ **言葉かけの工夫** 教師が話をするときに、近くに行ったり名前を呼んだりしながら注目するように促す。

② 聞いた話を理解することがむずかしいので…

→ **視覚教材の提示** 何をしたらよいのかわかるように、見本を黒板に貼ったり、机の上に置いたりする（図４）。

③ 作品が完成したことを教師に伝えることができるように…

→ **報告する場面の設定** 作品ができたことを教師に伝える場面を設定し、報告できた後に、作品をたくさんほめる。

図４ 作品を黒板に掲示した様子

● 行動問題

① 姿勢が崩れてしまうことがあるので…

→ **視覚教材の提示** 黒板に正しい姿勢のイラストを提示し、姿勢が崩れそうになったときに、確認できるようにする。

② 落ち着いて活動に取り組めるように…

→ **学習の流れの確認** 学習の流れを一つ一つ確認しながら、次の活動に見通しをもって取り組めるようにする（図５）。

③ 活動内容を理解しながら取り組めるように…

→ **言葉かけの工夫** 活動内容や大事なポイントを端的に伝えるように工夫する。

図５ 学習の流れを確認している様子

❻ シンタさんの変容

● 学習活動

観点	課題項目	前	後
表現	自分の好きな色のクレヨンを3本選ぶ。	2	3 ↑
鑑賞	みんなで作った作品を注視するなど関心をもって見る。	3	4 ↑

- あらかじめ好きな色のクレヨンを3本選んで別にしたことで,その3本で魚を描くことができた(図6)。
- 早く完成した場合はもう一つ作品を作ることで,待ち時間がなくなり,よりたくさん活動に取り組むことができるようになった。
- 鑑賞の場面で,自分の作品や友達の作品をほめることで,みんなで作った作品に注目することができた。

図6 クレヨンを3本選んで模様を描いている様子

● コミュニケーション

観点	課題項目	前	後
聞く	聞いた内容を理解する。	2	3 ↑
話す	適切に報告する。	3	4 ↑

- 近くに行ったり名前を呼んだりすることで,注目する回数が増え,教師の指示を理解しやすくなった。
- 机の上に置いた見本を見ながら取り組むことによって,作るものがどういうものかを理解して魚作りに取り組むことができた(図7)。
- 事前に魚が完成したら報告するよう伝えたことで,完成した魚を教師に見せることができた。

図7 内容を理解して取り組んでいる様子

● 行動問題

観点	課題項目	前	後
着席行動等	姿勢の保持が困難	3	4 ↑
	落ち着きがない	2	3 ↑

- 正しい姿勢を理解することができ,前回よりも姿勢よく活動に取り組むことができた(図8)。
- 学習の流れをていねいに確認したことや,魚が完成した後にもう一つ作ることができるようにしたこと,聞いた内容を整理できたことで,落ち着いて活動に取り組むことができた。

図8 姿勢よく取り組んでいる様子

実践事例 2 [調理] ミニどら焼きを作ろう

❶ 学習活動の概要

本時の目標
- 手順書などを基にして，簡単な料理を教師や友達と一緒に作る。
- 友達と協力して作業を行う。
- 道具や器具を適切に使用する。

data
授業について
- 児童：4人（男子3人／女子1人）
- 時数：3/4時間

ヤマトさんについて
- 自閉症のある小学部5年生男子
- 食べることはとても好きである
- 言葉を発することはむずかしい

展開

役割の確認	○エプロン・三角巾・マスクをつける。 ○自分のグループや役割を確認する。 ○手を洗う。
グループごとの活動	[Aグループ] ○ミニどら焼きの生地を作る。 [Bグループ] ○ミニどら焼きの中に入れるフルーチェを作る。 ○お皿とフォークを準備する。
生地を焼く	○ホットプレートに生地を入れる。 ○焼きあがったらお皿に入れる。
試食	○好きな中身をはさんで，試食をする。
片づけ	○自分で使った食器や道具を洗う。

図1 使用する道具

図2 前面のホワイトボード

❷ ヤマトさんの学習活動のチェックリスト

観点	課題項目	評価
手順書の確認/役割	□手順書を見て，自分の役割がわかる。	5・4・③・2・1
	□使う道具を準備して調理をすることができる。	5・4・③・2・1
道具や器具の取り扱い	□エプロン・三角巾・マスクをつけることができる。	5・4・③・2・1
	☑こぼさずに材料を入れたり混ぜたりすることができる。	5・4・3・②・1
	☑お玉を使ってホットプレートに生地を入れ，焼くことができる。	5・4・3・②・1
	☑スプーンを使ってどら焼きに中身を入れることができる。	5・4・3・②・1
衛生/安全	□石鹸を使って手を洗うことができる。	5・④・3・2・1
	☑衛生的に活動することができる。	5・4・3・②・1
	☑こぼさずにきれいに食べることができる。	5・4・3・②・1

ここからわかること！

① 初めて行う活動に対しては，しっかりとした支援が必要ですが，経験を積むとできるようになることが多いです。
② 手先の不器用さがあります。
③ 活動するものに注目することがむずかしいです。

❸ ヤマトさんのコミュニケーションのチェックリスト

領域	課題項目	評価
あいさつ	□「はじめます」などのあいさつをする（言葉や身振り）。	5・4・③・2・1
	□名前を呼ばれると返事をする（言葉や身振り）。	5・4・③・2・1
聞く	☑話をしている人の方を見ている。	5・4・3・②・1
	☑話を聞こうとする。	5・4・3・②・1
	☑指示された内容を理解する。	5・4・3・②・1
話す	□質問などにカード等を用いて伝える。	5・4・③・2・1
	□自分の気持ちや考えを相手に伝える。	5・④・3・2・1
対人	□教師とかかわりながら活動をする。	5・4・③・2・1
	□友達とかかわりながら活動をする。	5・4・③・2・1
	□友達と仲良く活動する。	⑤・4・3・2・1
その他	□エコラリアがある。	⑤・4・3・2・1
	□要求があるときだけ自分から人とかかわる。	⑤・4・3・2・1
	□抑揚の乏しい不自然な話し方をする。	⑤・4・3・2・1
	□同じ質問をしつこくする。	⑤・4・3・2・1

① 手順書や話している相手に注目することがむずかしいです。
② 活動に気づくことがむずかしいです。
③ 注目して内容を理解することがむずかしいです。

❹ ヤマトさんの行動問題のチェックリスト

領域	課題項目	評価
着席行動等	☑離席	5・4・③・2・1
	☑姿勢の保持が困難	5・4・③・2・1
	☑落ち着きがない	5・4・3・②・1
常同行動等	□ロッキング	⑤・4・3・2・1
	□手かざし	⑤・4・3・2・1
	□体叩き	⑤・4・3・2・1
	□独語	⑤・4・3・2・1
	□奇声	⑤・4・3・2・1
こだわり等	□手順へのこだわり	⑤・4・3・2・1
	□物の位置や状態へのこだわり	⑤・4・3・2・1
	□特定の物へのこだわり	⑤・4・3・2・1
	□スケジュール等の確認	⑤・4・3・2・1
自傷・他害行動等	□噛む	⑤・4・3・2・1
	□つねる	⑤・4・3・2・1
	□叩く（頭・顔・体・腕・足）	⑤・4・3・2・1
	□頭打ち	⑤・4・3・2・1
感覚過敏等	□聴覚過敏	⑤・4・3・2・1
	□触過敏	⑤・4・3・2・1
	□臭過敏	⑤・4・3・2・1
	☑何でも口に入れる	5・4・3・②・1

① やることがわからなかったり，時間が長くなると離席したりすることがあります。
② 近くにある物を口に入れることがあります。
③ 机にうつ伏せになって姿勢が乱れることがあります。

❺ ヤマトさんへの支援のポイント

◉ 学習活動

① 経験を積むとできることがあるので…

→ **活動の保証** 活動にくり返し取り組むことができるように，学習活動を設定する。

② 手先の不器用さを補うために…

→ **教具の工夫** 本人にとってわかりやすく使いやすい教材教具を活用して，学習に取り組む（図3）。

③ いま行っている活動により注目することができるように…

→ **環境の整備** 周りにある余計なものをなくし，取り組むべき活動に注目できるようにする。

図3　教材教具の工夫

◉ コミュニケーション

① 指示された方向に体を向けることがむずかしいので…

→ **座席の工夫** 自然と体を向けることができるように座席の配置を工夫する。

② 教師の指示に気づかせるために…

→ **指さし・言葉かけ** 注目できないときに教師がさりげなく指さしをしたり言葉かけをしたりする。

③ 説明に注目し，内容を理解することができるように…

→ **提示の工夫** 取り組んでいる活動がわかりやすいように学習の流れの示し方を工夫する（図4）。

図4　学習の流れの示し方の工夫

◉ 行動問題

① 学習活動の目標を明確にするために…

→ **見本の提示** 魅力的なできあがりの見本を提示しておき，それを目標に活動に意欲的に取り組み続けることができるようにする（図5）。

② 口に物を入れることが多かったので…

→ **状況づくり** マスクを着けることで，口に物を入れにくい状況をつくり，なおかつ衛生面でも配慮する。

③ 姿勢が乱れることがあるので…

→ **活動の確保** 飽きて活動が途切れることがないように，待ち時間にも活動を設定する。

図5　見本の提示

第2章 ● チェックリストを活用した子ども理解

❻ ヤマトさんの変容

● 学習活動

観点	課題項目	前	後
道具や器具の取り扱い	こぼさずに材料を入れたり混ぜたりすることができる。	2	3 ↑
	お玉を使ってホットプレートに生地を入れ，焼くことができる	2	4 ↑
衛生/安全	衛生的に活動することができる。	2	3 ↑

・経験を積んだことや，大きなフライ返しを使い，プレートにどら焼きの型を置いたことで，生地を混ぜたり入れたりすることが上手にできた（**図6**）。
・机の上や本人の周りをすっきりさせることで，他のものに目がいくことが少なくなり，安定して活動することができた。

図6 使いやすい教材教具

● コミュニケーション

観点	課題項目	前	後
聞く	話をしている人の方を見ている。	2	3 ↑
	指示された内容を理解する。	2	3 ↑

・ホワイトボードに近い位置で正面になるように座席を置いたことで，自然と教師の方に体が向き，学習態度が向上した。
・教師の言葉かけだけではなく，指さしや自分で学習の流れを見て活動できることが増えた（**図7**）。
・紙をめくって次の活動を確認できるものを用いたことにより，活動内容を理解することが増えた。

図7 自分から活動に取り組む様子

● 行動問題

観点	課題項目	前	後
着席行動等	離席	3	4 ↑
	落ち着きがない	2	3 ↑
感覚過敏等	何でも口に入れる	2	3 ↑

・いま何の活動をしているのかがはっきりしたため，落ち着いて活動に参加することができた。
・調理の経験が増え，見通しをもって活動することにより，物を口に入れることが少なくなった。
・待つ時間が少なくなることにより，姿勢の乱れや不適切行動が減少した。

実践事例 3 （課題学習） しりとりをしよう

❶ 学習活動の概要

本時の目標
- ▶ 身近な物の名称を文字で表す。
- ▶ 身近な物の名称を言う。
- ▶ しりとりのルールを理解する。

data
授業について
- ▶ 児童：4人（男子2人/女子2人）
- ▶ 時数：2/5時間

シンゴさんについて
- ▶ 自閉症のある小学部5年生男子
- ▶ 経験のないことは苦手である
- ▶ いつも一番になりたい

展開

活動の確認	○今日の学習の流れと目標を確認する。 ○一緒に活動する友達を確認する。
カード作り	○ひらがなで自分の名前を書き顔写真カードを作る。 ○物のイラストや写真を見て文字を書き，しりとりカードを作る。
ルールの確認	○物の名称の最後の文字に注目して，次のしりとりカードを選ぶ。 ○友達の作ったしりとりカードも使ってしりとりをする。 ○顔写真カードの順番で取り組む。
しりとりゲーム	○選んだしりとりカードをホワイトボードに貼って読む。 ○友達に自分の顔写真カードを渡す。
まとめ	○たくさんの物の名称があったことを知る。

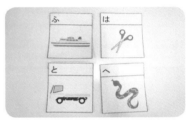
図1 しりとりカード

図2 しりとりゲーム

❷ シンゴさんの学習活動のチェックリスト

観点	課題項目	評価
書く	□えんぴつを正しく持つ。	5・④・3・2・1
	□自分の名前を書く。	⑤・4・3・2・1
	□身近な物のイラストや写真を見て，名前を書く。	5・④・3・2・1
話す	□自分の名前を言う。	⑤・4・3・2・1
	□友達の名前を言う。	⑤・4・3・2・1
言葉遊び	☑自分の順番がわかる。	5・4・3・②・1
	□選んだカードの名前を言う。	⑤・4・3・2・1
	☑カードを貼る場所がわかる。	5・4・3・②・1
	□次の順番の友達がわかる。	5・4・③・2・1

ここからわかること！
① 書くこと・話すことの課題は，一人でもできることが多いです。
② 「自分の順番がいつなのか」を理解することがむずかしいです。
③ 特定の場所を理解するときに，全面的な支援があればできます。

❸ シンゴさんのコミュニケーションのチェックリスト

領域	課題項目	評価
あいさつ	□「はじめます」などのあいさつをする（言葉や身振り）。	5・4・③・2・1
	□名前を呼ばれると返事をする（言葉や身振り）。	5・4・③・2・1
聞く	□話をしている人の方を見ている。	5・4・③・2・1
	□話を聞こうとする。	5・4・③・2・1
	☑指示された内容を理解する。	5・4・3・②・1
話す	□質問などにカード等を用いて伝える。	5・④・3・2・1
	☑自分の気持ちや考えを相手に伝える。	5・4・3・②・1
対人	□教師とかかわりながら活動をする。	5・④・3・2・1
	□友達とかかわりながら活動をする。	5・4・③・2・1
	□友達と仲良く活動する。	5・4・③・2・1
その他	□エコラリアがある。	⑤・4・3・2・1
	□要求があるときだけ自分から人とかかわる。	5・4・③・2・1
	□抑揚の乏しい不自然な話し方をする。	⑤・4・3・2・1
	☑同じ質問をしつこくする。	5・4・3・②・1

ここからわかること！
① 話を聞こうとする姿勢は見られますが，理解することがむずかしいです。
② 質問に答えることはできますが，自分の気持ちを伝えることがむずかしいです。
③ 1回の言葉のやりとりでは内容を理解できないことがあります。

❹ シンゴさんの行動問題のチェックリスト

領域	課題項目	評価
着席行動等	□離席	⑤・4・3・2・1
	☑姿勢の保持が困難	5・4・3・②・1
	□落ち着きがない	5・4・③・2・1
常同行動等	□ロッキング	⑤・4・3・2・1
	□手かざし	⑤・4・3・2・1
	□体叩き	⑤・4・3・2・1
	☑独語	5・4・3・②・1
	□奇声	5・4・③・2・1
こだわり等	□手順へのこだわり	5・4・3・②・1
	☑物の位置や状態へのこだわり	5・4・3・2・①
	□特定の物へのこだわり	5・4・3・②・1
	□スケジュール等の確認	5・4・③・2・1
自傷・他害行動等	□噛む	⑤・4・3・2・1
	□つねる	5・4・③・2・1
	☑叩く（頭・顔・体・腕・足）	5・4・3・②・1
	□頭打ち	⑤・4・3・2・1
感覚過敏等	□聴覚過敏	⑤・4・3・2・1
	□触過敏	⑤・4・3・2・1
	□臭覚過敏	⑤・4・3・2・1
	□何でも口に入れる	⑤・4・3・2・1

ここからわかること！
① よい姿勢を保って座ることが苦手で，自分の好きな言葉をくり返しています。
② 物の位置にこだわって，思い込みで位置を決めてしまうことがあります。
③ 自分の気持ちをうまく伝えられず，イライラして人を叩いてしまうことがあります。

❺ シンゴさんへの支援のポイント

◉ 学習活動

① 書くこと・話すことの課題は一人でできることも多いので…

→ **長所の活用** できること（書くこと・話すこと）を中心に、前向きに活動できるようにする。

② 「自分の順番がいつなのか」を理解することがむずかしいので…

→ **提示の工夫** 「いまはこの人」がわかりやすいような工夫をする（図3）。

③ しりとりカードを貼る場所などは教師の支援でわかることもあるので…

→ **板書の整理** しりとりカードを貼るなど児童が操作する部分と，教師が操作する部分とを整理する。

図3　提示の工夫

◉ コミュニケーション

① 聞いて内容を理解することがむずかしいので…

→ **視覚情報** 教師が伝えた内容を，写真やイラスト，文字を使って目に見える形に整理する。

② 自分の要求などを話して伝えることがむずかしいので…

→ **教材の利用** 次の順番の人に知らせるときは，自分の顔写真カードを使って伝えるよう促す（図4）。

③ 一度の言葉のやりとりでは，内容が十分に伝わらないことがあるので…

→ **端的な説明** 上記の視覚情報と合わせて，教師からは短く，要点を絞った言葉かけをする。

図4　教材の工夫

◉ 行動問題

① よい姿勢を保って座ることがむずかしいので…

→ **約束の確認** いすの調整をした後，座り方の約束を確かめ，本来注目すべき情報に注目できるようにする。

② 自分の思い込みで物の位置を決めてしまうことがあるので…

→ **位置の確認** ホワイトボード上にしりとりカードを貼るべき位置を示して，確認できるようにする（図5）。

③ 自分の気持ちをうまく伝えられずイライラしてしまうので…

→ **方法の学習** メモや気持ちを表すカードを活用するといった方法を，必要に応じて学習する機会をもつ。

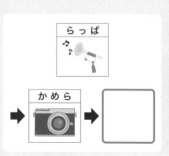

図5　位置の確認

❻ シンゴさんの変容

● 学習活動

観点	課題項目	前	後
言葉遊び	自分の順番がわかる。	2	4 ↑
	カードを貼る場所がわかる。	2	5 ↑

・しりとりの授業に自信をもって意欲的に取り組む姿が見られ，その他の支援も前向きに受け入れていた。
・しりとりの自分の順番が一人でわかるようになり，安心してゲームをしていた。
・板書を見て，しりとりカードを貼る場所がわかるようになった。他の児童にとっても理解しやすい板書になった。

● コミュニケーション

観点	課題項目	前	後
話す	自分の気持ちや考えを相手に伝える。	2	3 ↑
その他	同じ質問をしつこくする。	2	3 ↑

・教師が用意した内容説明のイラストや書いた文字を，自分から何度も見返して確かめ，内容を理解しようとしていた。
・次の順番の友達の顔写真カードを手に取って順番を確かめ，その友達に自分の顔写真カードを手渡すことで順番を伝えることができた。
・目で見てわかる説明と要点のみの問いかけが，自分で確かめられる手立てとなり，同じ質問をせずに活動を進めていた。

図6　友達へ自分の顔写真カードを渡して順番を伝える

● 行動問題

観点	課題項目	前	後
着席行動等	姿勢の保持が困難	2	4 ↑
こだわり等	物の位置や状態へのこだわり	1	3 ↑

・いすを背もたれのない物に交換し，机との距離を適切にとれるようにすると，姿勢を保てる時間が増えた。
・位置を明確に示し繰り返し取り組むことで，「いまはこの位置に置く」と自分で確かめる様子が見られた。
・机の上にメモとペンを置くようにして，いつでも気持ちを書いてよいことにすると，イライラすることは少なくなった。

図7　しりとりカードを貼る位置を指さして確かめる

実践事例 4　[体育]　サッカーにチャレンジ

❶ 学習活動の概要

本時の目標
- パスやドリブルでボールをつなぐ。
- 相手が取りやすいように声かけや動きを工夫する。
- 進んでゲームに取り組む。

展開

体づくり	○今日の学習の流れと目標を確認する。 ○自分のペースで5分間走る。 ○ストレッチをする。
パス練習	○ゲートを通るようにインサイドキックでパスをする。 ○教師の合図で終了して席に座る。 ○得点を知る。
ドリブルリレー	○コースをドリブルする。 ○次の人にパスをする（2回）。 ○得点を知る。
ハーフゲーム	○ドリブル＆パスでシュートをつなぐ。 ○次のエリアへ移動する（2回×3セット）。
振り返り	○自分の活動を振り返る。

data

授業について
- 生徒：6人（男子5人/女子1人）
- 時数：4/6時間

アオイさんについて
- 自閉症のある中学部2年生男子
- 時間に強いこだわりがある
- 学習には積極的である

図1　パス練習

図2　ドリブルリレー

❷ アオイさんの学習活動のチェックリスト

観点	課題項目	評価
体づくり	□自分なりのペースでウォーミングアップをする。	5・④・3・2・1
	□見本に合わせて体を動かす。	5・④・3・2・1
サッカー型ゲーム	□インサイドキックでパスをする。	5・④・3・2・1
	□ボールをコントロールしながらドリブルする。	5・4・③・2・1
	□友達を意識してパスをつなぐ。	5・4・③・2・1
	☑友達が取りやすいように声かけや動きを工夫する。	5・4・③・2・1
	□進んでサッカー型ゲームに取り組む。	⑤・4・3・2・1
ルール協力	□ゴールまでボールをつなぐという目的を共有する。	⑤・4・3・2・1
	☑友達と励まし合いながらゲームに参加する。	5・4・3・②・1

ここからわかること！

① ややぎこちなさはありますが，短いパスやドリブルはできます。
② 声かけで注意を促すと，友達を呼んだり見たりしてていねいにパスを出せることがあります。
③ 友達を励ましたり，ほめたりすることはあまり見られません。

❸ アオイさんのコミュニケーションのチェックリスト

領域	課題項目	評価
あいさつ	□適切にあいさつをする（言葉や身振り）。	⑤・4・3・2・1
	□適切に返事をする（言葉や身振り）。	⑤・4・3・2・1
聞く	□話をしている人の方を見る。	⑤・4・3・2・1
	□相手の話を聞く。	5・④・3・2・1
	□聞いた内容を理解する。	5・④・3・2・1
話す	□自分の話を聞いている相手を見る。	5・4・③・2・1
	□質問に適切に答える（言葉や身振り）。	5・④・3・2・1
	□適切に意思を伝える（要求や拒否）。	5・4・3・②・1
	□適切に報告する。	5・④・3・2・1
対人	✔教師と協調的に活動する。	5・4・3・②・1
	✔友達と協調的に活動する。	5・4・3・②・1
その他	□エコラリアがある。	⑤・4・3・2・1
	□要求があるときだけ自分から人とかかわる。	5・4・③・2・1
	□抑揚の乏しい不自然な話し方をする。	5・4・③・2・1
	□同じ質問をしつこくする。	5・④・3・2・1

① 話したいことが相手に伝わっていないことがあります。
② 友達の様子に合わせて，一緒に活動することに慣れていない様子が見られます。
③ 教師とのやり取りの中では，まれに協調的な活動ができることがあります。

❹ アオイさんの行動問題のチェックリスト

領域	課題項目	評価
着席行動等	□離席	⑤・4・3・2・1
	□姿勢の保持が困難	5・④・3・2・1
	✔落ち着きがない	5・4・3・②・1
常同行動等	□ロッキング	5・4・③・2・1
	□手かざし	⑤・4・3・2・1
	□体叩き	⑤・4・3・2・1
	✔独語	5・4・3・②・1
	□奇声	5・4・③・2・1
こだわり等	□手順へのこだわり	5・④・3・2・1
	□物の位置や状態へのこだわり	5・④・3・2・1
	✔特定の物へのこだわり	5・4・3・2・①
	✔スケジュール等の確認	5・4・3・2・①
自傷・他害行動等	□噛む	5・4・③・2・1
	□つねる	⑤・4・3・2・1
	✔叩く（頭・顔・体・腕・足）	5・4・3・②・1
	□頭打ち	⑤・4・3・2・1
感覚過敏等	□聴覚過敏	⑤・4・3・2・1
	□触過敏	⑤・4・3・2・1
	□臭覚過敏	⑤・4・3・2・1
	□何でも口に入れる	⑤・4・3・2・1

① 独語が多く，常にそわそわしている様子が見られます。
② 終了時間への強いこだわりがあり，進行状況に強い不安を抱くことが多いです。
③ ゆっくり活動する友達にイライラして，叩いてしまうことがあります。

❺ アオイさんへの支援のポイント

● 学習活動

① 短いパスやドリブルはできることがあるので…

→ **機会の保証**　できること（インサイドキックやパス）をたくさん発揮できるように活動を設定する。

② 注意を促すと，友達を見るなどしてパスを出せることがあるので…

→ **共同注意**　相手をよく見てパスができるように教師が声かけをするなど環境を設定する。

③ 友達を励ましたり，ほめたりすることはあまり見られないので…

→ **目的の共有**　友達と目的を共有し，互いに応援できるように共通理解を図る（図3）。

図3　目的の共有

● コミュニケーション

① 話したいことが相手に伝わっていないことがあるので…

→ **言葉かけの工夫**　「〇〇さん！　いくよ！」などと，相手を意識するような言葉かけや場面を設定する（図4）。

② 友達と一緒に活動することに慣れていないので…

→ **情動の共有**　共通の目的のゴールが入ったら「ナイスシュート」などと教師と一緒に友達をほめるように促す。

③ まれに教師と協調的な活動が見られるので…

→ **かかわりの拡大**　教師との言葉かけのやり取りに慣れてきたら，友達とのかかわりへと広げる。

図4　言葉かけの支援

● 行動問題

① 常にそわそわしている様子が見られるので…

→ **言葉かけ**　注目すべきところを明確にしたり，伝えたいことを端的に伝えたりするようにする。

② 進行状況に強い不安を抱くことが多いので…

→ **手順の確認**　終了時刻の確認と終わるための手立てを共有する。

③ ゆっくり活動する友達にイライラしてしまうので…

→ **学習の流れの確認**　「何をどのくらい」行うのかを確認しながら活動する（図5）。

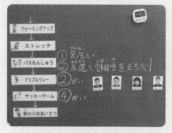

図5　学習の流れの提示

❻ アオイさんの変容

● 学習活動

観点	課題項目	前	後
サッカー型ゲーム	友達が取りやすいように声かけや動きを工夫する。	2	3↑
ルール協力	友達と励まし合いながらゲームに参加する。	2	3↑

・コースを区切ることによって、教師や教師の出したボールに注目して、たくさんパスをするようになってきた（図6）。
・教師の声かけに応えながら友達からパスを受けたり、友達へパスを出したりすることができた。
・「Bさん！　いま上手かったねぇ」と友達のよかったところをほめることができた。

図6　教師とパスをする様子

● コミュニケーション

観点	課題項目	前	後
対人	教師と協調的に活動する。	2	3↑
	友達と協調的に活動する。	2	3↑

・「Bさん」と呼んでからパスを出したり、「後はたのんだよ」と声をかけたりすることができた（図7）。
・ゴールが入った場面で教師と一緒に「ナイスシュート」と言うことができた。
・生徒どうしのやり取りの中でも、応援したりほめたりする場面が見られた。

図7　友達へ言葉をかけてパスを出す様子

● 行動問題

観点	課題項目	前	後
着席行動等	特定の物へのこだわり	2	4↑
他害行動等	叩く（頭・顔・体・腕・足）	2	4↑

・教師に注意を向けるための言葉かけをすることで、教師の方をよく見るようになってきた（図8）。
・具体的に活動の量を伝えたり、残り時間を伝えたりすることで、不安な様子や他害行動は少なくなった。
・終了時間へのこだわりはみられるが、「○○をやったら終わりだよね」と自分から確認することができた。

図8　教師の説明に注意を向ける様子

実践事例 5 　進路・作業　**みんなでクッキーを作ろう**

❶ 学習活動の概要

本時の目標
- だれが何個クッキーを型抜きするか，友達と話し合って分担する。
- 担当の作業内容や作業上の約束を理解し，作業に取り組む。
- 道具の使い方に慣れ，担当の作業を手順どおりに正しく行う。

data
授業について
- 生徒：4人（男子3人/女子1人）
- 時数：4/6時間

サクラさんについて
- 自閉症のある中学部3年生女子
- 聴覚過敏がある
- 学習には積極的である

展開

目標数の設定	○今日の学習の流れと目標を確認する。 ○それぞれが何個ずつ型抜きをするかを話し合う。 ○作業日誌で学習の流れを確認する。
道具の準備	○手洗いをして，ゴム手袋を身につける。 ○必要な道具と材料を準備する。
型抜き	○生地をめん棒でのばし，一定の厚さにする。 ○生地に型を押し込み，型を抜く。 ○オーブンの温度を「200℃」，加熱時間を「7分」に設定し，焼く。
片づけ	○道具を洗い，布巾で拭いて，片づける。 ○消毒液を噴霧し，台拭きで調理台を拭く。
振り返り	○でき上がったクッキーの数と目標の数を確認する。 ○自分の活動を振り返る。

図1　目標数の設定

図2　型抜き

❷ サクラさんの学習活動のチェックリスト

観点	課題項目	評価
職業知識	□友達と相談して，自分の型抜きの数を決める。	5・④・3・2・1
	☑困ったときに友達や教師に援助依頼をする。	5・4・③・2・1
	□作業日誌に自己評価を記入する。	⑤・4・3・2・1
職業技能	☑生地をめん棒でのばし，一定の厚さにする。	5・4・③・2・1
	□生地に型を押し込み，型を抜き，オーブンの鉄板に置く。	⑤・4・3・2・1
	□決められた工程の後に，教師に作業終了の報告をする。	⑤・4・3・2・1
職業行動	□消毒液を噴霧し，台拭きで調理台を拭く。	⑤・4・3・2・1
	☑道具を洗い，布巾で拭く。	5・4・③・2・1

ここからわかること！

① 作業工程は理解できていますが，正確さに欠けるところがあります。
② 言葉をかけて注意を促すと，手元に注目することができます。
③ 困ったときに助けを求めることは苦手ですが，決まった文言での作業終了の報告はできます。

第2章 ● チェックリストを活用した子ども理解

❸ サクラさんのコミュニケーションのチェックリスト

領域	課題項目	評価
あいさつ	□適切にあいさつをする（言葉や身振り）。	⑤・4・3・2・1
	□適切に返事をする（言葉や身振り）。	⑤・4・3・2・1
聞く	□話をしている人の方を見る。	⑤・4・3・2・1
	□相手の話を聞く。	5・④・3・2・1
	□聞いた内容を理解する。	5・④・3・2・1
話す	□自分の話を聞いている相手を見る。	5・④・3・2・1
	□質問に適切に答える（言葉や身振り）。	5・④・3・2・1
	☑適切に意思を伝える（要求や拒否）。	5・4・③・2・1
	□適切に報告する。	5・④・3・2・1
対人	□教師と協調的に活動する。	5・④・3・2・1
	☑友達と協調的に活動する。	5・4・③・2・1
その他	□エコラリアがある。	⑤・4・3・2・1
	□要求があるときだけ自分から人とかかわる。	⑤・4・3・2・1
	□抑揚の乏しい不自然な話し方をする。	5・④・3・2・1
	□同じ質問をしつこくする。	5・4・③・2・1

ここからわかること！
① 自分の気持ちを伝える的確な言葉を選ぶことができないことがあります。
② 友達の意見を取り入れたり，話し合いで譲ったりする様子はあまり見られません。
③ 教師と協働的に活動することができます。

❹ サクラさんの行動問題のチェックリスト

領域	課題項目	評価
着席行動等	□離席	⑤・4・3・2・1
	□姿勢の保持が困難	⑤・4・3・2・1
	□落ち着きがない	⑤・4・3・2・1
常同行動等	□ロッキング	⑤・4・3・2・1
	□手かざし	⑤・4・3・2・1
	□体叩き	⑤・4・3・2・1
	□独語	⑤・4・3・2・1
	□奇声	⑤・4・3・2・1
こだわり等	□手順へのこだわり	⑤・4・3・2・1
	□物の位置や状態へのこだわり	⑤・4・3・2・1
	□特定の物へのこだわり	5・④・3・2・1
	□スケジュール等の確認	⑤・4・3・2・1
自傷・他害行動等	□噛む	⑤・4・3・2・1
	□つねる	⑤・4・3・2・1
	☑叩く（頭・顔・体・腕・足）	5・4・③・2・1
	□頭打ち	⑤・4・3・2・1
感覚過敏等	☑聴覚過敏	5・4・③・2・1
	□触過敏	⑤・4・3・2・1
	□臭覚過敏	⑤・4・3・2・1
	□何でも口に入れる	⑤・4・3・2・1

ここからわかること！
① 周囲の雑談や話し声に耳をふさぐことがあります。
② 疲れていても目標を高く設定したまま変更することができないことがあります。
③ 疲れたことを言葉で伝えられず，自傷をして訴えようとすることがあります。

❺ サクラさんへの支援のポイント

◉ 学習活動

① 作業内容は理解できているので…

→ **環境の整備** 補助教具（生地の厚さを一定にするルーラーや洗浄用ブラシ）を用い，精度を高められるように環境を設定する。

② 注意を促すと，手元に注目することができるので…

→ **目標の確認** 作業工程の中の重要となるポイントを事前に伝え，注意を払う箇所を確認する。

③ 決まった文言での作業終了の報告はできるので…

→ **定型文の提示** 助けを求めるときの言葉の例を視覚的に提示する（図3）。

図3　定型文の提示

◉ コミュニケーション

① 自分の気持ちを伝える言葉を選べないことがあるので…

→ **共感** 教師が「暑いね」「水の音が気になったね」などと，気持ちに寄り添って適切な言葉で共感する。

② 友達とクッキーの型を譲り合えないので…

→ **機会の保障** 型を譲ることができた場合には次時に使いたい型を使用できるように機会を保障しつつ，折り合いをつける経験を積む（図4）。

③ 教師と協調的な活動が見られるので…

→ **かかわりの拡大** 教師との言葉かけのやりとりに慣れてきたら，友達とのかかわりへと広げる。

図4　譲り合うための機会の保障

◉ 行動問題

① 気になる音があるので…

→ **学習の流れの調整** 水を使う活動場面が全員でそろうように，学習の流れを調整する。

② 自分の状態に合わせた型抜きの個数設定がむずかしいので…

→ **負荷の軽減** 抜きやすい型を教師がいくつか選択したうえで，その中から生徒が好きな型を選ぶようにする。

③ 作業に疲れてイライラしてしまうので…

→ **具体的称賛** 報告ごとに作業内容を具体的にほめ，作業に向かう意欲を高める（図5）。

図5　具体的称賛

❻ サクラさんの変容

● 学習活動

観点	課題項目	前	後
職業知識	困ったとき友達や教師に援助依頼をする。	3	5 ↑
職業技能	生地をめん棒でのばし，一定の厚さにする。	3	4 ↑

図6　生地をのばす様子

・型の溝を小さなブラシを用いて洗う様子が見られた。
・生地を伸ばすときに，ルーラーを用いて同じ厚みになるように確認しながら生地をのばすことができた（図6）。
・助けを求めるときの言葉と，どの教師が対応するかが明確になったことで，困ったときに自分から援助を求めることができた。

● コミュニケーション

観点	課題項目	前	後
話す	適切に意思を伝える（要求や拒否）。	3	4 ↑
対人	友達と協調的に活動する。	3	4 ↑

図7　友達と相談して型を決める様子

・「暑い」「生地がやわらかくなっちゃった」という発言で，ストレスを訴える場面が見られた。
・使いたかった型を友達が選んだときに，「じゃあ私は明日」と譲る場面が見られた（図7）。
・友達が型抜きしたクッキーにも注意を向け，友達をほめることができた。

● 行動問題

観点	課題項目	前	後
自傷・他害行動等	叩く（頭・顔・体・腕・足）	3	5 ↑
感覚過敏等	聴覚過敏	3	4 ↑

図8　単純な形の型

・全員が同じタイミングで水を使うようにしたことで，気になる水の音が一斉に聞こえるようになり，友達の使う水の音を気にする発言が少なくなった。
・単純な形の型を抜くことで，手早く作業を行うことができた（図8）。
・どこがよかったか具体的にほめられることで，「やった！」と達成感をもって作業を最後までやり切る様子が見られた。

実践事例 6　認知・概念　上手に聞こう！話そう！

❶ 学習活動の概要

本時の目標
- ▶ 聞き手の役割を意識して話を聞く。
- ▶ 相手に伝わるように話をする。
- ▶ 設問に沿って文を構成して書く。

data
授業について
- ▶ 生徒：4人（男子3人／女子1人）
- ▶ 時数：4／6時間

ダイチさんについて
- ▶ 自閉症のある中学部3年生男子
- ▶ 話し手への注視がむずかしい
- ▶ 早口になってしまいがち

展開

聞き方の確認	○話を最後まで聞くことを確認する。 ○相手を見て話を聞くことを確認する。
話し方の確認	○相手に聞こえるくらいの声の大きさで話すことを確認する。 ○ゆっくり話をすることを確認する。
ワークシート記入	○テーマを設定し，それについて考えて記入する。 ○そのテーマついてみんなに紹介したいおすすめのポイントを記入する。
スピーチ	○ワークシートに記入した項目に沿って発表する。 ○発表した内容について，振り返り，意見を出し合う。
振り返り	○話し方や聞き方について活動を振り返る。

図1　ワークシートに記入している様子

図2　スピーチをしている様子

❷ ダイチさんの学習活動のチェックリスト

観点	課題項目	評価
聞くこと	□教師や友達の話を聞いて内容を理解することができる。	5・④・3・2・1
	□話の終わりまで注意して聞くことができる。	5・4・③・2・1
話すこと	□生徒や教師が聞き取れる声の大きさで話すことができる。	5・4・③・2・1
	□生徒や教師が聞き取れる速さで話すことができる。	5・4・③・2・1
	□友達のよいところや質問を話すことができる。	5・4・③・2・1
書くこと	☑あるテーマに沿って考えて書くことができる。	5・4・③・2・1
	☑おすすめのポイントを書くことができる。	5・4・3・②・1

ここからわかること：
① みんなにおすすめしたいテーマを設定することがむずかしいです。
② おすすめしたいポイントを書き出すことがむずかしいです。
③ じっくり考えると，おすすめのポイントを書くことができます。

❸ ダイチさんのコミュニケーションのチェックリスト

領域	課題項目	評価
あいさつ	□適切にあいさつをする（言葉や身振り）。	⑤・4・3・2・1
	□適切に返事をする（言葉や身振り）。	⑤・4・3・2・1
聞く	□話をしている人の方を見る。	5・4・③・2・1
	□相手の話を聞く。	5・4・③・2・1
	□聞いた内容を理解する。	5・4・③・2・1
話す	□自分の話を聞いている相手を見る。	5・4・③・2・1
	□質問に適切に答える（言葉や身振り）。	5・④・3・2・1
	☑適切に意思を伝える（要求や拒否）。	5・4・③・2・1
	□適切に報告する。	⑤・4・3・2・1
対人	□教師と協調的に活動する。	⑤・4・3・2・1
	☑友達と協調的に活動する。	5・4・3・②・1
その他	□エコラリアがある。	⑤・4・3・2・1
	□要求があるときだけ自分から人とかかわる。	5・4・③・2・1
	□抑揚の乏しい不自然な話し方をする。	5・④・3・2・1
	□同じ質問をしつこくする。	⑤・4・3・2・1

① 早口になったり，声が小さくなったりして，自分の考えが伝わらないことがあります。
② 考えが伝わりやすい具体的な方法がわかりません。
③ 友達とやりとりする場面が少ないです。

❹ ダイチさんの行動問題のチェックリスト

領域	課題項目	評価
着席行動等	□離席	⑤・4・3・2・1
	☑姿勢の保持が困難	5・4・③・2・1
	☑落ち着きがない	5・4・3・②・1
常同行動等	□ロッキング	5・4・③・2・1
	□手かざし	⑤・4・3・2・1
	□体叩き	⑤・4・3・2・1
	☑独語	5・4・③・2・1
	□奇声	5・④・3・2・1
こだわり等	□手順へのこだわり	5・④・3・2・1
	□物の位置や状態へのこだわり	5・④・3・2・1
	□特定の物へのこだわり	5・4・③・2・1
	□スケジュール等の確認	5・④・3・2・1
自傷・他害行動等	□噛む	⑤・4・3・2・1
	□つねる	⑤・4・3・2・1
	□叩く（頭・顔・体・腕・足）	⑤・4・3・2・1
	□頭打ち	⑤・4・3・2・1
感覚過敏等	□聴覚過敏	⑤・4・3・2・1
	□触過敏	5・④・3・2・1
	□臭覚過敏	⑤・4・3・2・1
	□何でも口に入れる	⑤・4・3・2・1

① 言葉だけの指示では理解がむずかしいことがあります。
② 注意が散漫になりやすく，独語も見られます。
③ 友達の発表のとき，姿勢が崩れることがあります。

❺ ダイチさんへの支援のポイント

● 学習活動

① みんなにおすすめしたいテーマを設定しやすいように…

→ **話題の工夫**　おすすめしたいテーマを「飲食店」にし，生徒にとって身近な話題を取り上げるようにする。

② テーマによって時間がかかることがあるので…

→ **経験の想起**　地域の飲食店が載っているガイドブックを見て，経験を想起できるようにする（図3）。

③ じっくり考えてから書き始めることがあるので…

→ **時間の保障**　生徒がじっくり考える時間を保障して，活動に取り組むことができるようにする。

図3　経験の想起

● コミュニケーション

① 自分の考えがより相手に伝わるようにするために…

→ **伝え方の工夫**　おすすめしたい理由やどんなところをおすすめしたいのかを簡潔にする。

② 具体的な話し方から理解するために…

→ **手本の提示**　声の大きさや話す速さなど相手に伝わりやすい話し方を提示する（図4）。

③ 生徒どうしのかかわりの中で受け答えできるように…

→ **共有する場面**　おすすめを紹介した後に，友達どうしで質問したり，感想を言い合ったりする場面を設定する。

図4　伝え方の工夫

● 行動問題

① 指示を聞いて理解することがむずかしいので…

→ **視覚的な提示**　視覚的に相手のどこを見るのかを具体的に示して注目を促す（図5）。

② 注意が散漫になりやすいので…

→ **具体的な指示**　「〜を見てね」など，生徒にとってより具体的で簡潔な指示をして注意を向けるようにする。

③ 聞く体勢になってから話を聞けるようにするために…

→ **事前の予告**　話を聞く場面で事前に聞き手の役割を確認することで，話を聞く体勢になるように促す。

図5　視覚的な提示

❻ ダイチさんの変容

● 学習活動

観点	課題項目	前	後
書くこと	あるテーマに沿って考えて書くことできる。	3	4↑
	おすすめのポイントを書くことができる。	2	3↑

・テーマを身近な題材にすることで，自分が知っている中からみんなにおすすめしたい飲食店を選ぶことができた（**図6**）。
・ガイドブックなどを手がかりに思い出し，考えながら紹介したいメニューのおすすめのポイントを書くことができた。
・考える時間を十分に設定したことで，たくさんのおすすめのポイントを自分で書き出すことができた。

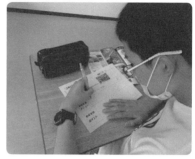

図6 ワークシートに書き込んでいる様子

● コミュニケーション

観点	課題項目	前	後
話す	適切に意思を伝える（要求や拒否）。	3	4↑
対人	友達と協調的に活動する。	2	3↑

・おすすめしたいポイントや理由を簡潔にすることで，自分の考えを明確にして相手に伝えることができた。
・相手に伝わりやすい話し方を意識しながら大きい声でゆっくりと話すことができた（**図7**）。
・友達のよいところやテーマについて聞きたいことを話し合うことで，生徒どうしのかかわりが広がっていった。

図7 相手に伝わりやすいように話している様子

● 行動問題

観点	課題項目	前	後
着席行動等	姿勢の保持が困難	3	4↑
	落ち着きがない	2	3↑

・相手の顔付近を見ながら話を聞くことができた（**図8**）。
・友達の発表のとき，その友達が黒板に書いた文字を見るように教師が声をかけると，すぐに注意を向けることができた。
・友達の話を聞き逃すことなく，集中して聞くことができた。

図8 友達の発表を聞いている様子

実践事例 7 テーマ学習 こんなとき, どんな気持ち?

❶ 学習活動の概要

本時の目標
- 楽しい感情が起こった場面を想起する。
- 楽しい感情の特徴(種類・表出方法・強弱)について理解する。
- 自分と他者とは感じる程度が違うこともあることを理解する。

data
授業について
- 生徒：4人(男子4人)
- 時数：5/6時間

ハルトさんについて
- 自閉症のある高等部1年生男子
- 自分と違う考えは受け入れがたい
- 学習には積極的である

展開

活動の確認	○あいさつをする。 ○目標を確認する。 ○スケジュールカードを使って学習の流れを確認する。
自分の気持ちを考える	○4種類の「楽しい」感情のカードの強弱を確認する。 ○いままで楽しい気持ちを感じたエピソードとそのときの気持ちの強さを考える。 ○いままでの学習で自分と友達とは感じる気持ちが違うこともあったことを思い出す。
友達の考えを知る	○友達のエピソードに対して,自分だったらどんな気持ちか考える(文章表記・カード)。 ○自分の考えを発表する。 ○友達の発表を聞いて,自分の考えと比較する。
振り返り	○活動を振り返って感想を書く。 ○あいさつをする。

図1 4人で活動

図2 作成した発表用ボード

❷ ハルトさんの学習活動のチェックリスト

観点	課題項目	評価
知識・技能	□楽しい気持ちの特徴(種類・表出方法・強弱)を理解する。	⑤・4・3・2・1
自己理解	□楽しい気持ちの場面で起こる感情の程度を考える。	⑤・4・3・2・1
	□楽しい気持ちが起こる場面で思うことや発言することを考える。	⑤・4・3・2・1
他者理解	☑自分と他者とは感じる気持ちの程度が違うこともあることに気づく。	5・4・3・②・1
	☑他者の意見を否定せず,受容しながら聞く。	5・4・3・②・1
コミュニケーション	□教師を見てからあいさつする。	5・4・③・2・1
	□呼名されたら返事などで反応する。	⑤・4・3・2・1
	□自分の考えを発表する。	⑤・4・3・2・1
	☑教師や友達の説明を最後まで聞く。	5・4・3・②・1

ここからわかること!
① さまざまな感情を理解していて,自分の感情も理解することができます。
② 自分の考えをしっかりもっている分,他者の考えを許容できる範囲が狭いです。
③ 他者への関心が低いわけではありませんが,興味が続きません。

第2章 ● チェックリストを活用した子ども理解

❸ ハルトさんのコミュニケーションのチェックリスト

領域	課題項目	評価
あいさつ	□適切にあいさつをする（言葉や身振り）。	⑤・4・3・2・1
	□適切に返事をする（言葉や身振り）。	⑤・4・3・2・1
聞く	☑話をしている人の方を見る。	5・4・3・②・1
	□相手の話を聞く。	5・④・3・2・1
	□聞いた内容を理解する。	5・④・3・2・1
話す	□自分の話を聞いている相手を見る。	5・4・③・2・1
	□質問に適切に答える（言葉や身振り）。	5・④・3・2・1
	□適切に意思を伝える（要求や拒否）。	5・④・3・2・1
	□適切に報告する。	5・④・3・2・1
対人	□教師と協調的に活動する。	⑤・4・3・2・1
	☑友達と協調的に活動する。	5・4・3・②・1
その他	□エコラリアがある。	⑤・4・3・2・1
	□要求があるときだけ自分から人とかかわる。	5・4・③・2・1
	□抑揚の乏しい不自然な話し方をする。	⑤・4・3・2・1
	□同じ質問をしつこくする。	5・④・3・2・1

① 相手の話は聞いていますが，話をしている人を見ないことが多いです。
② 自分のタイミングで活動したがります。
③ 言葉のやりとりは得意な分，友達への否定的な発言をすることがあります。

❹ ハルトさんの行動問題のチェックリスト

領域	課題項目	評価
着席行動等	□離席	⑤・4・3・2・1
	□姿勢の保持が困難	5・④・3・2・1
	☑落ち着きがない	5・4・3・②・1
常同行動等	□ロッキング	5・4・③・2・1
	□手かざし	⑤・4・3・2・1
	□体叩き	⑤・4・3・2・1
	☑独語	5・4・3・②・1
	□奇声	5・4・③・2・1
こだわり等	□手順へのこだわり	5・④・3・2・1
	□物の位置や状態へのこだわり	5・④・3・2・1
	□特定の物へのこだわり	5・④・3・2・1
	☑スケジュール等の確認	5・4・3・2・①
自傷・他害行動等	□噛む	⑤・4・3・2・1
	□つねる	⑤・4・3・2・1
	□叩く（頭・顔・体・腕・足）	⑤・4・3・2・1
	□頭打ち	⑤・4・3・2・1
感覚過敏等	□聴覚過敏	5・4・③・2・1
	□触過敏	⑤・4・3・2・1
	□臭覚過敏	⑤・4・3・2・1
	□何でも口に入れる	5・④・3・2・1

① 作業への取りかかりとスピードが速いため，手持ち無沙汰な時間ができます。
② 終了時間を厳守したいため，時間を気にして落ち着かなくなることが多いです。
③ 落ち着かないと独語が多くなり，怒ってしまうことがあります。

055

❺ ハルトさんへの支援のポイント

◉ 学習活動

① 自分の感情も含めてさまざまな感情を理解できているので…

→ **情動の共有** 発表した内容に教師が共感しながら,友達の反応も促し,受容されることを経験する。

② 自分の考えをしっかりもっている分,許容できる範囲が狭いので…

→ **受容する経験** 友達の発表にも教師が共感したり比較したりし,そのような考えもあることを知る経験をする(図3)。

③ 他者への関心が低いわけではないが,興味が続かないので…

→ **言葉かけの工夫** 相手を意識するきっかけになる言葉かけを意図的に行う。

図3 温度計の横で比較

◉ コミュニケーション

① 相手の話は聞いているが,話をしている人を見ないことが多いので…

→ **ルールの確認** 発表する場面に入る前に,「話をしている人を見る」というルールを確認する(図4)。

② 自分のタイミングで活動したいので…

→ **状況周知** 友達ががんばっている様子に気づかせながら,その活動終了のめどを伝える。

③ 言葉のやりとりは得意な分,友達への否定的な発言もあるので…

→ **言葉かけの工夫** 友達のよいところや自分の考えと同じところに気づくような言葉かけを意図的に行う。

図4 ルールの確認

◉ 行動問題

① 作業への取りかかりとスピードが速く,手持ち無沙汰な時間ができるので…

→ **称賛** しっかりと作業に取り組めたことをほめたり,ボードに記入した内容について質問したりする。

② 時間を気にして落ち着かなくなることが多いので…

→ **学習の流れの確認** 始業時に生徒自身が板書し,大まかな授業終了時刻を確認する(図5)。

③ 落ち着かないと独語が多くなり,怒ってしまうこともあるので…

→ **手順の確立** 毎時間同じ手順で授業を行い,あとどれくらいの時間がかかるのか推測しやすくする。

図5 終了時刻の板書

❻ ハルトさんの変容

● 学習活動

観点	課題項目	前	後
他者理解	他者の意見を否定せず，受容しながら聞く。	2	4↑
コミュニケーション	教師や友達の説明を最後まで聞く。	2	4↑

・自分や友達の発表に教師が共感したことで，安心感と自信がもて，落ち着いて話を聞くことができた。
・自分の考えと比較した結果，自分と似た考えの人もいることに気づき，最後まで話を聞くことができた（**図6**）。
・「次は○○さんお願いします」と友達に言ったことをきっかけに，視線を上げたり，独語をやめたりすることができた。

図6　話を聞いている様子

● コミュニケーション

観点	課題項目	前	後
聞く	話をしている人の方を見る。	2	4↑
対人	友達と協調的に活動する。	2	4↑

・全体でルールを確認したことで，個人的な負荷がかからず，声かけで視線を相手に向ける様子が見られるようになった。
・友達ががんばっている様子に目を向けたことで，友達の作業が終わるのを待つことができるようになった（**図7**）。
・友達よいところやがんばっている姿を知ることで，作業を阻害する発言が少なくなった。

図7　作業終了後も落ち着いて待つことができている様子

● 行動問題

観点	課題項目	前	後
着席行動等	落ち着きがない	2	3↑
こだわり	スケジュール等の確認	1	3↑

・ほめられたり質問されたりすることで，気持ちが満たされ，落ち着いて待つことができる時間が長くなってきた（**図8**）。
・自分で板書した時間を全体で確認することにより，残り時間を気にする様子は見られるが，気にする回数が減ってきた。
・毎回同じ手順で授業を行うことで，友達のペースもつかむことができるようになり，怒ることが少なくなった。

図8　落ち着いて活動している様子

実践事例 8 音楽 **トーンチャイムで合奏しよう**

❶ 学習活動の概要

本時の目標
- 奏法を理解してトーンチャイムに取り組む。
- トーンチャイムの響きを味わいながら合奏する。
- 自分や友達の演奏を振り返る。

展開

活動の確認	○今日の学習の流れや目標を確認する。 ○トーンチャイムや色楽譜を準備する。 ○自分のパートを確認する。
奏法の確認	○トーンチャイムの持ち方，構え方を確認する。 ○トーンチャイムの音の鳴らし方，止め方を確認する。
練習	○一人ずつや全体で部分練習をする。 ○新しく追加した音を確認する。 ○和音の部分を友達とタイミングを合わせて鳴らす。
合奏	○色楽譜と指揮（指示）を見ながら合奏する。
振り返り	○合奏の映像を見て，振り返る。

data
授業について
- 生徒：4人（男子2人／女子2人）
- 時数：2／5時間

ショウさんについて
- 自閉症のある高等部2年生男子
- 集中力が続かない
- 友達とかかわることが苦手である

図1 トーンチャイム

図2 授業の様子

❷ ショウさんの学習活動のチェックリスト

観点	課題項目	評価
楽器の基礎	□トーンチャイムの持ち方がわかる。	⑤・4・3・2・1
	□トーンチャイムの構え方がわかる。	⑤・4・3・2・1
	□正しい動作でトーンチャイムの音を鳴らす。	5・④・3・2・1
	□正しい動作でトーンチャイムの音を止める。	5・④・3・2・1
合奏	□色楽譜を見て，自分が担当する音がわかる。	⑤・4・3・2・1
	☑合奏中，正しい動作を意識してトーンチャイムを演奏する。	5・4・3・②・1
	□友達とタイミングを合わせて和音を鳴らす。	5・4・③・2・1
	□教師の指揮（指示）に合わせて音を鳴らす。	5・④・3・2・1
振り返り	☑教師が示すポイントに着目して，演奏を振り返る。	5・4・③・2・1

ここからわかること！

① トーンチャイムの基礎的な奏法は理解していますが，忘れてしまい合奏の中で活かせません。
② 視覚的な支援があれば，一人でできることが多いです。
③ 自分や友達の活動を振り返ることがむずかしいです。

第2章 ●チェックリストを活用した子ども理解

❸ ショウさんのコミュニケーションのチェックリスト

領域	課題項目	評価
あいさつ	□適切にあいさつをする（言葉や身振り）。	⑤・4・3・2・1
	□適切に返事をする（言葉や身振り）。	⑤・4・3・2・1
聞く	□話をしている人の方を見る。	5・④・3・2・1
	□相手の話を聞く。	5・④・3・2・1
	☑聞いた内容を理解する。	5・4・③・2・1
話す	□自分の話を聞いている相手を見る。	5・④・3・2・1
	□質問に適切に答える（言葉や身振り）。	5・④・3・2・1
	☑適切に意思を伝える（要求や拒否）。	5・4・③・2・1
	□適切に報告する。	5・④・3・2・1
対人	□教師と協調的に活動する。	5・④・3・2・1
	☑友達と協調的に活動する。	5・4・3・②・1
その他	□エコラリアがある。	⑤・4・3・2・1
	☑要求があるときだけ自分から人とかかわる。	5・4・③・2・1
	□抑揚の乏しい不自然な話し方をする。	⑤・4・3・2・1
	□同じ質問をしつこくする。	5・④・3・2・1

① 注目を促すと話を聞くことができますが，内容を理解できていないことがあります。
② 自分に自信がもてず，自分から友達にかかわることが少ないです。
③ 友達とのかかわりが一方的なものになりやすいです。

❹ ショウさんの行動問題のチェックリスト

領域	課題項目	評価
着席行動等	□離席	⑤・4・3・2・1
	☑姿勢の保持が困難	5・4・3・②・1
	□落ち着きがない	5・④・3・2・1
常同行動等	☑ロッキング	5・4・③・2・1
	□手かざし	⑤・4・3・2・1
	□体叩き	⑤・4・3・2・1
	☑独語	5・4・3・②・1
	□奇声	5・④・3・2・1
こだわり等	□手順へのこだわり	5・4・③・2・1
	□物の位置や状態へのこだわり	5・④・3・2・1
	□特定の物へのこだわり	5・④・3・2・1
	☑スケジュール等の確認	5・4・③・2・1
自傷・他害行動等	□噛む	⑤・4・3・2・1
	□つねる	⑤・4・3・2・1
	□叩く（頭・顔・体・腕・足）	⑤・4・3・2・1
	□頭打ち	⑤・4・3・2・1
感覚過敏等	□聴覚過敏	5・④・3・2・1
	□触過敏	⑤・4・3・2・1
	□臭覚過敏	⑤・4・3・2・1
	□何でも口に入れる	5・④・3・2・1

① 集中が途切れてくると，下を向いて姿勢が乱れることが多いです。
② 活動に飽きてくると，好きなことを想像して独語が増えます。
③ 一度経験したことは，思い込みで同じように行動してしまうことがあります。

❺ ショウさんへの支援のポイント

● 学習活動

① 基礎的な奏法を忘れてしまうことがあるので…
→ **視覚情報の提示**　奏法のイラストを提示しておき，合奏中も適宜確認する（図3）。

② 視覚的な情報があれば，一人でできることも多いので…
→ **視覚情報の整理**　担当音の表や色楽譜など，そのとき必要な視覚的な情報を整理して示す。

③ 自分や友達の活動を振り返ることがむずかしいので…
→ **自己評価・他者評価**　ポイントを提示して，映像を見ながら自分や友達の演奏を振り返る場面を設定する。

図3　奏法のイラスト

● コミュニケーション

① 聞くだけでは内容を理解することが不十分なので…
→ **手本・言葉かけ**　理解が不十分なときには，手本を示したり言葉かけしたりする。

② 自分に自信がない様子が見られるので…
→ **称賛**　一人ずつの練習やパート練習の中で，教師や友達からほめられる経験ができるようにする（図4）。

③ 友達を意識して活動することがむずかしいので…
→ **友達の確認**　和音を枠線で囲み，その時々でだれと一緒に鳴らすのか確認する。

図4　和音の確認

● 行動問題

① 集中が長く続かず，姿勢が乱れることがあるので…
→ **動きの工夫**　立つ，座る，前に出るなど，活動にめりはりをつけて取り組めるようにする（図5）。

② 活動に飽きてしまうことがあるので…
→ **難易度の変更**　新しい音を追加するなど，本人にとって少しむずかしい活動を提示する。

③ 思い込みで行動してしまうことがあるので…
→ **視覚提示と言葉かけ**　やるべきことを視覚的に示したり，端的に伝えたりする。

図5　めりはりのある活動

❻ ショウさんの変容

● 学習活動

観点	課題項目	前	後
合奏	合奏中，正しい動作を意識してトーンチャイムを演奏する。	2	4↑
振り返り	教師が示すポイントに着目して，演奏を振り返る。	3	4↑

・わからなくなったときに黒板のイラストを見て，合奏中にも正しい動作を意識して演奏する場面が増えた（**図6**）。
・担当音の表を見て確認し，自分の担当音を演奏する様子が見られた。
・ポイントをしぼって合奏の様子を映像で振り返ることで，自分や友達の演奏に目を向けることができた（**図7**）。

図6 正しく音を出す様子

図7 活動を振り返る様子

● コミュニケーション

観点	課題項目	前	後
聞く	聞いた内容を理解する。	3	4↑
対人	友達と協調的に活動する。	2	4↑

・教師の手本を見たり，友達の動きを見たりする中で，正しい奏法を意識することができた。
・上手にできたことをほめられることで，自信をもって活動に取り組むようになった。
・友達のパートを理解し，友達とタイミングを合わせて鳴らすことができた（**図8**）。

図8 タイミングを合わせて鳴らす様子

● 行動問題

観点	課題項目	前	後
着席行動等	姿勢の保持が困難	2	4↑
常同行動等	独語	2	4↑

・座ったり立ったりするたびに，姿勢を正しながら活動できるようなった（**図9**）。
・できることだけでなく，少しむずかしい活動に挑戦することで，独語が減り，集中が続くようになった。
・やることを書いた紙を黒板に貼って教師が指さしをしつつ言葉かけをすることで，思い込みで行動することが減った。

図9 立って合奏する様子

実践事例 9　[数学] 長さを比べてみよう

❶ 学習活動の概要

本時の目標
- 具体物の長さの測り方を知る。
- 長さ（cm）を予想して2つのものを比較する。

data
授業について
- 生徒：4人（男子2人／女子2人）
- 時数：2／5時間

ナオトさんについて
- 自閉症のある高等部2年生男子
- 他者とのかかわりが苦手である
- 学習には積極的である

展開

数の計算	○プリント学習で足し算・引き算を練習する。 ○前時までの復習をする。
長さを測る	○メジャーや定規の使い方を確認する。 ○身近な具体物を測る。 ○協力して計測する。
長さの予想	○2種類の封を開けていないお菓子の長さを予測し、どちらが長いか予想を立てる。 ○封を開けて実際にお菓子の長さを計測し、比較する。
運び方を考える	○長いものの運び方について考え、それに合う道具を選ぶ。

図1　プリント学習の様子

図2　具体物の比較

❷ ナオトさんの学習活動のチェックリスト

観点	課題項目	評価
楽器の基礎	□2桁程度の数の大小関係を理解できる。	⑤・4・3・2・1
	□2桁程度の数字の足し算ができる。	⑤・4・3・2・1
	□2桁程度の数字の引き算ができる。	⑤・4・3・2・1
合奏	□測るものを定規の「0」目盛に合わせる。	5・4・③・2・1
	☑定規やメジャーを使って具体物の長さを測定できる。	5・4・3・②・1
	☑長さの違いを予想できる。	5・4・3・②・1
	□長さの任意単位（cm）により大小比較できる。	5・4・③・2・1

ここからわかること！
① 2桁の数の足し算・引き算や関係性については理解できています。
② 計測に使う道具を一人で正しく使うことはむずかしいです。
③ 「鉛筆と消しゴムではどっちが長い？」というように、頭の中で長さを比較したり予想したりすることがむずかしいです。

第2章 ● チェックリストを活用した子ども理解

❸ ナオトさんのコミュニケーションのチェックリスト

領域	課題項目	評価
あいさつ	□適切にあいさつをする（言葉や身振り）。	5・④・3・2・1
	□適切に返事をする（言葉や身振り）。	5・④・3・2・1
聞く	□話をしている人の方を見る。	5・4・3・②・1
	☑相手の話を聞く。	5・4・3・②・1
	□聞いた内容を理解する。	5・4・3・②・1
話す	☑自分の話を聞いている相手を見る。	5・4・3・②・1
	□質問に適切に答える（言葉や身振り）。	5・4・③・2・1
	□適切に意思を伝える（要求や拒否）。	5・④・3・2・1
	□適切に報告する。	5・4・③・2・1
対人	□教師と協調的に活動する。	5・4・③・2・1
	☑友達と協調的に活動する。	5・4・3・②・1
その他	□エコラリアがある。	5・4・3・②・1
	□要求があるときだけ自分から人とかかわる。	5・4・③・2・1
	□抑揚の乏しい不自然な話し方をする。	5・④・3・2・1
	□同じ質問をしつこくする。	5・4・③・2・1

① 教師の話（全体説明）を聞けていないことがあります。

② よそ見が多いなど、活動に集中できず、教師の方を見て話せないことがあります。

③ 他者との協調場面では不安定になりがちです。

❹ ナオトさんの行動問題のチェックリスト

領域	課題項目	評価
着席行動等	□離席	5・④・3・2・1
	□姿勢の保持が困難	5・4・③・2・1
	☑落ち着きがない	5・4・3・②・1
常同行動等	□ロッキング	5・4・③・2・1
	□手かざし	5・4・3・②・1
	□体叩き	5・4・③・2・1
	☑独語	5・4・3・②・1
	□奇声	5・4・3・②・1
こだわり等	□手順へのこだわり	5・④・3・2・1
	□物の位置や状態へのこだわり	5・4・③・2・1
	□特定の物へのこだわり	5・④・3・2・1
	☑スケジュール等の確認	5・4・3・②・1
自傷・他害行動等	□噛む	⑤・4・3・2・1
	□つねる	⑤・4・3・2・1
	□叩く（頭・顔・体・腕・足）	5・4・③・2・1
	□頭打ち	5・④・3・2・1
感覚過敏等	☑聴覚過敏	5・4・3・②・1
	□触過敏	5・4・③・2・1
	□臭覚過敏	5・④・3・2・1
	□何でも口に入れる	5・4・③・2・1

① 独語が多く、常にそわそわしている様子が見られます。

② 活動に見通しがもてず、不安定になってしまうことが多いです。

③ 聴覚過敏があります。

❺ ナオトさんへの支援のポイント

● 学習活動

① 筆算することで学習過程を理解しているので…

→ **長所の活用** 長さの勉強でも計測の過程がわかるように、ワークシートに書き込む活動を取り入れる。

② メジャーをうまく使えないので…

→ **経験の拡大** さまざまな形状の具体物を測り、メジャーの使い方に慣れるように支援する（図3）。

③ 比較したり、予測したりすることがむずかしいので…

→ **教材の工夫** 身近な物を利用し、ゲーム感覚で比較したり、予測したりする状況を設定する。

図3　パンの長さを測る様子

● コミュニケーション

① 全体説明を聞けていないことがあるので…

→ **視覚情報の提示** やり方を視覚的に提示する。サブティーチャーが必要に応じて個別的に説明する。

② 教師の方を見て話せないことがあるので…

→ **共同注意** まずは教師と一緒にメジャーを使う場面を設定し、同じものを見ることから始める。

③ 他者とかかわるときに不安定になるので…

→ **かかわりの拡大** 教師との言葉かけのやり取りに慣れてきたら、友達とのかかわりへと広げる（図4）。

図4　教師と一緒に友達とかかわる様子

● 行動問題

① 常にそわそわしている様子が見られるので…

→ **環境の工夫** 座席や教師の立ち位置などの環境を工夫して、本人が落ち着けるようにする。

② 次に何をするのかわからなくて不安定になってしまうので…

→ **学習の流れの確認** 学習の流れを書いた手元の紙で教師と確認する。

③ 聴覚に過敏さがみられるので…

→ **支援グッズの活用** 活動内容に応じてイヤーマフや耳栓を使用する（図5）。

図5　学習の流れを確認する様子

❻ ナオトさんの変容

● 学習活動

観点	課題項目	前	後
量と測定	定規やメジャーを使って具体物の長さを測定できる。	2	3 ↑
量と測定（長さ）	長さの違いを予想できる。	2	3 ↑

- ワークシートで一つ一つ確認することで，長さの測り方を理解することができた。
- 多くの物の長さを測ったことで，長さの違いをイメージできるようになり，「買ったパンをかばんに入れたいときには，小さいカバンと中くらいのかばん，どちらに入れるとよいですか？」の質問に的確に答え，理由を説明できるようになった（**図6**）。

図6 長さを比較する問題例

● コミュニケーション

観点	課題項目	前	後
対人	教師と協調的に活動する。	2	4 ↑
	友達と協調的に活動する。	2	3 ↑

- パワーポイントの画像や具体物を教師が指さしすることで，メジャーの数字を読み上げることができた。
- 教師と一緒にメジャーを使うときには，「押さえてください」など，決められた言葉をかけることができた（**図7**）。
- 生徒どうしでも落ち着いてやり取りする場面が時折見られるようになった。

図7 教師と一緒に測る様子

● 行動問題

観点	課題項目	前	後
着席行動等	落ち着きがない	2	4 ↑
常同行動等	独語	2	4 ↑

- 注目しやすい場所に教師が立ったり，耳に入る音量が下がったりすることで，説明をよく聞き，落ち着いて取り組むことができるようになってきた（**図8**）。
- 学習の流れを書いた紙を活用したり活動内容をしぼったりすることで，独語を減らすことができた。

図8 教師の説明を聞いて，学習する様子

コラム 1

実際，チェックリストってどうなの？

「チェックするの，大変だよね，むずかしいし」
「こんなことやる学校ないって」
「時間かかるし，実際，現場では無理だって」
「この時間（チェックする時間）があれば，教材の一つもできるんじゃない？」

　そんな声を聞くことがよくあります。
　経験年数やスキルに関わりなく，いろいろな先生からこのようなコメントをいただきます。そして共通して言えるのは，その先生方はみんな，「子ども思い」で，「授業づくりとそこでの子どもの成長に人生かけてます！」という熱心な先生が多いということです。
　それじゃあ，本当にチェックリストを作ったり，チェックしたりする行為は無駄なのでしょうか？
　いえいえ……
　実はこんな声も聞こえるのです。

「附属の臨床研修会で初めてチェックリストに出会いました。正直，現場に戻って，日常的に作成してチェックすることはしていないのですが，授業の中で評価の観点を意識して指導している自分に気づくことがあるんです」

　そうなのです。
　ここで紹介したチェックリストは，授業内で期待する子どもの変容について観点ごとに評価の視点が並べられます。
　授業でやること（学習活動），何に配慮する必要があるのか（行動問題），授業の参加と理解（コミュニケーション）についてチェックリストを活用した先生は，授業のことをそんな視点で評価できていたのです。
　障害のある子どもたちの授業では，ティーム・ティーチングが行われます。先生によって指導の観点が違い，「そうじゃないのに……」と思うことはよくあります。
　授業の中で子どもたちに「何ができるようにするのか」「できるようになってほしいことをどこまでねらうのか」を，指導者間で共通にするためにも，評価の観点が"見える化"されていることは大事なのです。

　子どもの成長を願う先生方にとって，チェックリストは，授業改善のための手助けをするツールになると考えます。チェックリスト，一度作ってみませんか？

第3章

インフォーマルなアセスメントを活用した子ども理解

解説

実践事例1	小学部	制作活動
実践事例2	小学部	制作活動
実践事例3	小学部	課題学習
実践事例4	小学部	朝の会
実践事例5	小学部	課題学習
実践事例6	中学部	朝の会・帰りの会
実践事例7	中学部	進路・作業
実践事例8	中学部	音楽
実践事例9	中学部	数学
実践事例10	中学部	認知・概念
実践事例11	高等部	地域活動
実践事例12	高等部	進路・作業
実践事例13	高等部	美術
実践事例14	高等部	体育

子どもの実態と教師の願いから支援しよう

❶ インフォーマルなアセスメントとは

　子ども理解のために，日々の実践において先生方がそれぞれ自分なりの方法で子どもの実態を把握することをインフォーマルなアセスメントといいます。インフォーマルなアセスメントの精度を上げることが，特別支援教育にかかわる教師の支援力の向上につながるのではないでしょうか。

　インフォーマルなアセスメントの特徴には，次のようなものがあります。

① 特別なツールは必要なく，手軽で取り組みやすい。
② 子どもに不安や緊張を与えずに，情報を得ることができる。
③ 生活や学習における具体的な情報として扱いやすい。

① 主観が入りやすい。
② 信頼性・妥当性が保証されていない。
③ 人や環境によって，結果が変わりやすい。

つまり，以下の3点に気をつけることが大切です。

① 一つの側面からだけではなく，多面的に情報を収集する。
② 子どもの主訴をしっかりととらえてから実施する。
③ 得た情報については，正確性を保つために継続的に追加・修正を図る。

❷ 子どもの多面的な実態把握

　子どもの実態をできるだけ正確に把握するためには，学習・生活・遊びなどのさまざまな日常の様子から，子どもを多面的にとらえることが大切です。さらに，学校だけでなく，家庭と連携し，学校と家庭両方での様子を知ることで，より正確な実態把握ができるようになるでしょう。

　本章における実践事例の「児童／生徒の実態」では，活用できる実態を「○」で，配慮すべき実態を「●」で示しています。

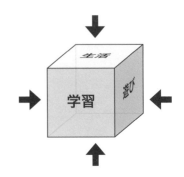

❸ 子どもの願いを具現化する教師の願い

　教師が子どもを支援するにあたっては，どのような願いをもっているかを明確にしておくことが重要です。その場合教師主体の願いだけではなく，子どもの願いをしっかりととらえたうえで，子どもの課題を解決するための支援につながる，根拠に基づいた願いをもつことが重要になります。

❹ 支援のポイントと学習活動

　教師の願いを明確にした後は，支援のポイントを明確にしておくことが重要になります。
　支援のポイントとは，子どものつまずきや課題を詳しく分析して，支援方法を具体的で明確にしたもののことです。授業の中で，子どもがそれらのつまずきや課題を自然な形で解決できるように学習活動を設定し，支援のポイントに沿って支援をしていくことが大切です。

❺ 子どもの活動の変容と支援の改善

　実際の授業においては，教師が想定した支援がうまくいかないこともあります。そのときに大切なのは，子どもの活動が「どのように変容したのか」，あるいは「なぜ変容しなかったのか」をていねいにみていくことです。そうすることで，次時に同じ支援を続けたり，支援を改善したりする根拠が明確になり，授業づくりがスムーズになるでしょう。
　子どもの活動の変容をとらえるにあたっては，「何が？」「どれくらい？」といったように分析的に行う必要があります。また，１コマの授業における変容と単元全体を通しての変容では違うことがありますので，「どの場面で」「どんな変容があったのか」を具体的にとらえましょう。

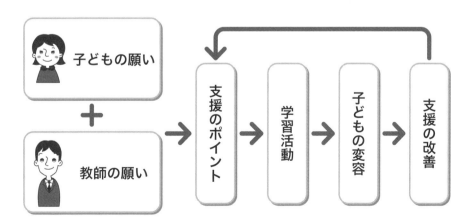

実践事例 1 制作活動 お花畑を作ろう

》学習活動の概要

わかりやすいように制作の手順と歌とを結びつけることで児童が作り方に見通しをもち，「楽しそう！」「やってみたい！」と思うことで，作る過程自体を楽しみながら取り組む学習活動です。

》児童の実態　小学部1〜3年生9名

学習場面より
- ○歌が好きで，音楽の手遊びやダンスに生き生きと取り組んでいる児童が多い。
- ●道具を使う経験や自分で考えて表現する機会が十分でない児童がいる。
- ●道具の使い方を理解できていない児童がいる。

遊び場面より
- ○童謡などのDVD鑑賞が好きな児童がいる。
- ●イメージがもてなかったり，イメージ通りにならなかったりすると，指示を待ったり，塞ぎ込んだりする児童がいる。

生活場面より
- ○自信あると進んで活動できる児童がいる。

》教師の願い

- ✔手遊びやダンスのように，制作活動も楽しめるようになってほしい。
- ✔見通しをもって意欲的に制作活動に取り組めるようになってほしい。
- ✔道具の使い方を理解して使えるようになってほしい。
- ✔遊びを通して物作りに親しみ，自信をもって取り組んでほしい。

》支援のポイント

歌と動作を結びつける　学習活動①

教師が言葉での指示ではなく，歌に合わせて実演して，活動を楽しく伝える。

手順の簡略化　学習活動①，②，③

事前の準備で作業手順を簡略化したり道具を工夫したりして，簡単にできるようにして成功経験を導き，「楽しかった！　またやりたい！」という意欲を引き出す。

個に応じて選べる支援　学習活動②，③

作業手順を歌詞で表した歌，写真や文字で表記した手順書，教師の演示などのいくつかの支援を用意し，必要に応じて利用できるようする。

学習活動の流れ

1 作業手順を歌詞にした歌に合わせて，教師がお花作りを演示する

♪くるくるくる……回して　はずしてぼうをつけた♪　♪ふわふわふわ……のりつけて　ペタンとしてお花ができた♪

2 歌に合わせて動作をしてお花を作る

- ▶ 歌に合わせて，丸く切った紙をジグではさむ印と印を合わせて，回転させる。

3 楽しい！　うまくできそう！　の気持ちを生かしてお花を完成させる

- ▶ 教師の演示や手順書に注目する。
- ▶ はさみやのりを使い，お花畑の土台を作る。
- ▶ 色の順番を自分で考えて，お花を挿す。

 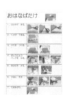

児童の変容

　みんなで歌いながら，交替で友達の前に出て作るところを披露したが，楽しそうに自信をもって取り組む様子が見られた。

　歌で大まかな作業手順を理解し，細かいところは手順書の写真で確かめるなど，少しずつ手順書が使えるようになってきた。

　興味・関心が広がり，はさみを使った作業にも集中して取り組む様子が見られるようになった。

実践事例 2 [制作活動] みんなで楽しく きりのめカーを作ろう

≫ 学習活動の概要

待ち時間を減らし児童の活動量や友達とかかわる時間を確保することによって，一人一人が楽しみながら制作に取り組み，思いっきり遊ぶ学習活動です。

≫ 児童の実態　小学部2～6年生5名

学習場面より
- ○自分なりのアイデアを生かして，創作する児童がいる。
- ●はさみを使ったり，のりを使ったりすることがむずかしく，手先があまり器用ではない児童がいる。
- ●学習活動の時間が短い児童がいる。
- ●自分なりに考えたことを表現することがむずかしい児童がいる。

遊び場面より
- ○物作りが好きな児童が多い。
- ●友達とのかかわりが少ない児童がいる。

生活場面より
- ○夢中になると，とことんやりたい児童がいる。

≫ 教師の願い

- ✔手の器用さに関係なく制作活動を楽しんでほしい。
- ✔自分なりに考えたデザインのきりのめカーを作れるようになってほしい。
- ✔児童の実態に応じて，制作時間や遊び時間を十分に確保してあげたい。
- ✔友達とかかわり合う楽しさを経験してほしい。

≫ 支援のポイント

多様性のある材料準備　学習活動①，②

家庭でも取り組めるように，身近で，かついろいろな形状や材質の材料を準備する。

手順の明確化　学習活動①，②

自分なりの考えを表現しながら楽しめるように，制作の手続きをわかりやすくする。

情動を共有する場面の設定　学習活動③

友達とかかわる楽しさを味わえるように，遊びの場面で友達どうしがつながるように支援する。

学習活動の流れ

1 いろいろな箱を使ってボディーを作る

- 大小さまざまな箱の中から好きな箱を選ぶ。
- 箱に好きな色の絵の具を塗る。
- ペンやシールで装飾する。
- シャーシ部分に箱をつける。

2 いろいろな素材を使ってタイヤをつける

- シャフトとなる竹串を選ぶ。
- タイヤとなる10種類の素材から好きなものを選ぶ。
- 事前に準備したシャーシに竹串を通す。
- タイヤをはめる。

3 坂のコースで，みんなできりのめカーを走らせる

- できた児童から走らせてみる。
- もっと工夫したい場合は修理する。
- 友達と一緒に走らせてみる。
- 友達の素敵な工夫を知る。

児童の変容

友達が違うタイヤを選んで作っている様子を見て，自分の作品にもそのアイデアを取り入れて，あえて違う種類のタイヤをつけてみようとする様子が見られた。

前時に教師が足の間を通しているのを見て，自分から足を広げて「間を通してほしい」と要求するなど積極的な変化が見られていた。

「一緒に走らせたいから，待って！」と友達に伝えたり，「僕も一緒に走らせたい！」と伝えたりする様子が見られるようになった。

実践事例 3 【課題学習】 正しい書き順でひらがなを書こう

》学習活動の概要

果物や動物など，身近な物の名称のひらがなの書き順が順番に提示された教材を使ってくり返し学習したり，タブレット端末のアプリを活用したりすることで，書き順通りに文字を書く学習活動です。
（使用アプリケーション：「NEXTBOOK 入学準備ひらがな」）

》児童の実態　小学部4年生1名

【学習場面より】
○ひらがな50音を覚えていて書くことができる。
●ひらがなを書くことはできるが，書き順の誤りや形が整っていない字がある。

【遊び場面より】
○依頼や要求などはジェスチャーや簡単な話し言葉などで伝えることができる。
●発音が不明瞭なため，言葉で伝える際に相手に伝わりにくいことがある。

【生活場面より】
○自分の興味のある物の名称（食べ物や動物など）は知っている。

》教師の願い

- ✓ ひらがなを書き順通りに正しく書けるようになってほしい。
- ✓ 身近な物の名称をたくさん理解できるようになってほしい。
- ✓ ジェスチャーだけでは伝わりにくい依頼や要求を，文字を使って伝えることができるようになってほしい。
- ✓ 意欲的に学習に取り組めるようになってほしい。

》支援のポイント

身近な物の名称のくり返しの学習 【学習活動①】
　食べ物，動物，日用品，乗り物，学習用具，色，スポーツの名称のマッチングをくり返し行う教材（イラストと文字カード）を用意する。

ひらがなの書き順の提示の工夫 【学習活動②】
　視覚的に正しい書き順を理解できるよう，ひらがなの構成カードを用いて一画ずつ順番に書き順を提示する。

タブレット端末の活用 【学習活動③】
　なぞり書きのアプリを活用して，意欲的に学習に取り組める状況を設定する。

学習活動の流れ

1 身近な物の名称のマッチングをする

- はじめは,イラストと見本を手がかりに文字カードをマッチングする。
- 次に,イラストのみの手がかりで文字カードを貼る。

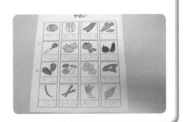

2 ひらがなの書き順を指導する

- ひらがなの構成カードを置き,1画ずつ書き順を確認する。
- ひらがなが完成したら指でなぞり書きをし,正しい書き順を理解したか確認する。

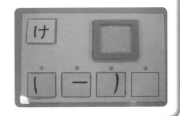

3 タブレット端末のアプリで指導する

- タブレット端末を使って,ひらがなのなぞり書きをする。
- 枠からはみ出さずになぞり書きができると「たいへんよくできました」のスタンプが出て,意欲的に学習できる。

児童の変容

ひらがなは,正しい書き順で書けるようになってきた。現在は,同様の方法でカタカナの学習にも取り組んでいる。

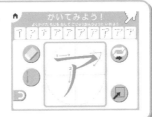

身近な物の名称のひらがなを覚えたことで,地域活動などでメモ帳を使ってひらがなで伝える機会も増えてきた。

プリント学習だけではなかなか成果が見られなかったが,タブレット端末を活用することで,児童が意欲的にくり返し学習に取り組むなど,成果が出てきた。

実践事例 4 【朝の会】 あつまれ！ みんなでさんくみ

≫ 学習活動の概要

机やいすを準備し，カレンダーや時間割を確認し，ダンスをするといった朝の会を，児童主体で進めたり，かかわりあったりする中で，児童一人一人が主体的に取り組む学習活動です。

≫ 児童の実態　小学部4～6年生9名

学習場面より
- ○朝の会を自分で進めてみたいと思っている児童がいる。
- ●どのように進めてよいのかわからなかったり，迷ったりしている児童が多い。

遊び場面より
- ○教師と一緒に，おもちゃや遊具で遊んだり，追いかけっこをしたりすることが好きな児童が多い。
- ●友達に自分から声をかけたり，友達と一緒に遊んだりするなど，友達とのかかわりが少ない児童が多い。

生活場面より
- ○歌やダンスなどに興味があり，DVDを見て楽しむ児童が多い。

≫ 教師の願い

- ✓教師の手本を見たり，毎日の活動をくり返したりする中で，朝の会の進め方を理解してほしい。
- ✓一つ一つの活動に，自信をもって自分から取り組めるようになってほしい。
- ✓友達の様子を見たり，一緒に活動する経験を積んだりする中で，友達とかかわる楽しさを感じてほしい。

≫ 支援のポイント

自分から取り組むことができる教材　学習活動①，②，④，⑥

床に貼ってあるシールや足型カードを見たり，日付や曜日のカードの色をマッチングしたり，天気カードを貼ったりすることで，何をするのか自分から気づき，行動できるようにする。

手順の明確化　学習活動③，⑤

顔写真カードを手渡す場面やハイタッチなどの，児童どうしの簡単なかかわりがある教材を準備する。

学習活動の流れ

1 机やいすを準備する
- 床のシールを手がかりに,自分のいすを移動させる。
- 机やいすを持って,友達とぶつからないように移動する。

2 朝のあいさつをする
- あいさつ係が足型カードの位置で,他の児童の見本となるよう,しっかりと気をつけをしてあいさつする。

足型の写真

3 名前を確認する
- 呼名係の児童に名前を呼ばれたら,顔写真カードを受け取りにいく。
- 名前カードを両手で受け取り,出席ボードに貼る。

4 カレンダー・時間割を確認する
- 今日の日付や曜日のカードを貼ったり,外の天気を確認して,晴れや雨のマークの天気カードを貼ったりする。

5 ダンスをする
- 好きなキャラクターのダンスのDVDを見ながら踊る。
- ダンスの途中で,友達とペアになり,ハイタッチをする。

6 机やいすを片づける
- 机といすを自分で元の位置に戻す。

児童の変容

教師の言葉かけや教師がいすを持つなどの支援がなくても,顔写真カードを手がかりに,自分で机といすを移動することができるようになった。

DVDを見ながら,積極的に踊ったり,自分から相手を探して,ハイタッチをしたりして,友達と一緒にダンスを楽しむ様子が見られた。

実践事例 5 [課題学習] みんなで一緒にやってみよう ～デカパンリレーとマイムマイム～

≫ 学習活動の概要

児童に親しみのある競技や踊りを通して，児童のもっている知識や技能を生かして友達どうしで誘い合い，友達とかかわる楽しさや喜びを共有し，一緒に遊ぶことを経験する学習活動です。

≫ 児童の実態　小学部4～6年生10名

学習場面より
- ○歌ったり，体を動かしたりすることが好きな児童が多い。
- ●教師が決めたペアやグループで活動することが多く，児童が主体的に活動したい友達を選ぶ場面が少ない。

遊び場面より
- ○友達とのかかわりを好む児童がいる。
- ●友達より教師とのかかわりが多くなってしまう傾向がある。
- ●友達とのかかわりのきっかけがつかめずに一人で遊ぶ児童がいる。

生活場面より
- ○好きな活動には積極的に取り組む児童が多い。

≫ 教師の願い

- ✓ 積極的に友達とかかわりながら活動してほしい。
- ✓ 一緒に活動したい友達を主体的に選ぶことができるようになってほしい。
- ✓ 教師の言葉かけや支援が少ない中でも，自分なりの友達を誘う方法を身につけてほしい。
- ✓ 友達と一緒に活動する楽しさを実感し，かかわりを深めていってほしい。

≫ 支援のポイント

友達の誘い方の提示の工夫　学習活動①，②

友達を誘うときの決まりが書いてあるカードや声の大きさスケール，自分の顔写真カードなどを使い，自分から友達を誘うことができるようにする。

自分や友達のよいところに注目するための工夫　学習活動①，②

上手にできたところを言葉やはなまるカードなどを使い，児童に伝える。

個に応じて選べる支援　学習活動①，②

競技や踊りを終えた後に，一緒に活動した友達とハイタッチや拍手などを行う。

学習活動の流れ

1 デカパンリレーを行う

- 一緒に活動したい友達を選ぶ。
- 一緒に活動したいことを言葉や自分の顔写真カードを渡すことで友達に伝える。
- ペアになり，大きいパンツをはいてリレーを行う。
- 走り終えたら，次の走者とハイタッチをして交替する。

2 マイムマイムを行う

- 一緒に活動したい友達を複数名選ぶ。
- 友達に一緒に活動したいことを言葉で伝えたり，自分の顔写真カードを渡したりする。
- 複数名の友達と手をつなぎ，音楽に合わせて踊る。
- 踊り終えたら，一緒に活動した友達とハイタッチをする。

児童の変容

2人ペアで取り組むことが多かったデカパンリレーでは，回数を重ねた後に，誘う人数を何人でもよいとすると，普段かかわりが少ない児童を誘い，3〜4人のグループで取り組む姿が見られた。

言葉や顔写真カードを使って友達を誘うことが多かったが，言葉よりも文字を使うことが得意な児童は，誘いたい友達の名前を書いて伝える様子も見られた。

4〜5人を誘って取り組んできたマイムマイムでは，みんなと取り組む楽しさが芽生え，最後には全員を誘って一緒に踊る姿が見られた。

実践事例 6 朝の会・帰りの会
一人で司会をしよう

≫ 学習活動の概要

毎日行う朝の会や帰りの会の場面で，学級の6名全員が順番に司会をし，その際に，イラストや文字で示した進行表を手がかりに自立的に進行をする学習活動です。

≫ 生徒の実態　中学部1年生6名

学習場面より
○ 5名は，ひらがなを読むことができる。1名は，イラストや写真などを手がかりに読み取ることができる。
○ 見通しがもてると最後までやり遂げようとする生徒が多い。

生活場面より
○ 日常的に簡単な言葉でのやりとりができる生徒が多い。
● 相手を特定して働きかけることが苦手な生徒がいる。
● 友達の様子などの周りの状況を判断しながら活動することが苦手な生徒がいる。

≫ 教師の願い

- 朝の会と帰りの会で，自立的に司会をすることができるようになってほしい。
- 一人でできたという経験を重ね，満足感や達成感を得ることで，自信をつけてほしい。
- 相手を特定して働きかけることができるようになってほしい。
- 友達の様子など，周りの状況を判断しながら活動する経験を積んでほしい。

≫ 支援のポイント

毎日のくり返し　学習活動①，②
毎日同じ手順でくり返すことで，見通しをもって活動できるようにする。はじめのうちは，教師が進行表を用いて毎日くり返し手本を示す。

進行表の視覚化　学習活動②，③
進行表は，会の進行に合わせてめくると，次の内容が示されるようになっている。司会側には，話す内容や指名する相手の顔写真カードなどが示され，聞く側には，そのときの活動内容がイラストと文字で示されるようにする。

学習活動の流れ

1 毎日，日替わりで順番に日直に取り組む
▶ 学級の6名全員が順番に日直に取り組む。

2 朝の会と帰りの会の司会をする
▶ 進行表を手がかりに，毎日，同じ手順で朝の会と帰りの会の司会をする。
▶ 進行表は，会の進行に合わせて自分でめくっていく。

3 相手を決めて働きかける
▶ 出席確認や目標の確認などで，進行表に貼ってある顔写真カードを手がかりに一人ずつ全員の名前を呼ぶ。
▶ 日付の確認や天気の確認，給食のメニュー発表など，決まった役割ごとに一人ずつその生徒の名前を呼ぶ。

生徒の変容

6名全員が，1回目から進行表を手がかりに自立的に司会をすることができた。文字を読むことがむずかしい1名についても，4月に示した教師の手本をしっかりと覚えていて，自立的に司会をすることができた。

朝の会では，出席確認などの相手を特定する場面で，はじめのうちは進行表を見ながら進行表の通りに名前を呼んでいたが，周りの様子や相手を見ながら名前を呼びかけたり，何回かくり返し呼びかけたりする様子も見られるようになってきた。帰りの会では，1日の振り返りの場面で，一人ずつ名前を呼んで振り返りを聞き，その日の目標に丸を書き入れる一連のやりとりができるようになった。

実践事例 7 【進路・作業】 リサイクルはがきを作ろう

》》学習活動の概要

給食の牛乳パックを再利用してはがきを作る学習活動です。牛乳パックからはがきになるまでの13工程の作業を全員で分担して取り組みます。作業の中では，準備や片づけも自分たちで取り組みます。

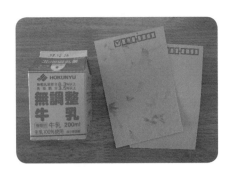

》》生徒の実態　中学部1～3年生11名

【学習場面より】
- 〇自信や目的がもてると意欲的に活動する様子が見られる。
- 〇自分の行動を振り返ることをいろいろな学習で経験している。
- ●教師からの指示待ちが多い生徒がいる。
- ●次に使う人の使いやすさなどを意識して片づけをする様子はあまり見られない。
- ●見通しがもてないと作業能力を十分に発揮できない生徒が多い。

【生活場面より】
- 〇好きなことやものがたくさんある生徒が多い。

》》教師の願い

- ✓自分で判断しながら作業に取り組んでほしい。
- ✓作業に必要な道具を自分で準備して，作業後に片づけをしてほしい。
- ✓好きなことや得意なことを生かして取り組む中で，作業に対する意欲を高めてほしい。
- ✓目標をもって作業に取り組んだり，作業の成果や目標の到達状況を振り返ったりしてほしい。

》》支援のポイント

自分で判断できるような仕事表　【学習活動①】
　分担した作業内容や作業量，材料がある場所などを示した仕事表を手渡す。

材料や道具の場所の明確化　【学習活動②】
　作業に必要な材料や道具の場所をできる限りまとめて提示する。

追加の作業　【学習活動②】
　分担された作業が終わったら，自主的にやりたい作業に追加で取り組めるようにする。

作業日誌の記入　【学習活動①，③】
　自分が取り組んだ作業や目標とする行動と，それに対する自己評価を記入する。

学習活動の流れ

1 今日の目標と分担された作業内容を確認する

- 全員で目標を確認する。
- 今日の作業でがんばりたいことを作業日誌に記入する。
- 分担された作業内容を仕事表で確認する。

2 はがき作りの作業に取り組む

- 必要な材料や道具を,仕事表を見ながら準備する。
- 分担された作業に取り組む。
- 作業終了後に片づけをする。
- 終了報告をする。

3 作業の振り返りをする

- 身の回りの掃除をする。
- 全体の目標に対する達成度を確認する。
- 自分が取り組んだ作業を振り返る。
- 次にがんばりたいことを考えて,作業日誌に記入する。

生徒の変容

仕事表を使用することで,生徒の役割意識が高まり,分担された作業に主体的に取り組む姿が見られるようになった。

材料や道具の場所を明確にすることで,材料や道具の準備,片づけを自分で判断してすることができるようになった。

追加の作業を実施したことで,分担された作業が終了した後,半数以上の生徒が自ら進んで追加の作業に取り組むようになり,作業に対する意欲が高まる様子が見られるようになった。

作業を振り返りながら,がんばった作業などの具体的な記入ができるようになってきた。また,自分自身を肯定的に評価する生徒も多く見られるようになった。

実践事例 8 [音楽] フィギャーノートで楽しく合奏!

≫ 学習活動の概要

楽譜の音符を生徒にとってわかりやすい絵音符(フィギャーノート)にして,楽譜の読み取りを容易にし,友達と音を合わせる場面を十分確保することで,さまざまな曲の演奏を楽しむ学習活動です。

フィギャーノートとは?

フィンランドの知的障害者対象の音楽教室で,五線譜を理解することがむずかしい障害者でも楽器を簡単に演奏することができるように考案された絵音符です。日本では北海道の江差町にあるあすなろ学園が初めて導入しました。著作権を所有していて,普及に努めています。

※本事例は,社会福祉法人あすなろ学園の許可を得て実践し,本書に掲載しています。

≫ 生徒の実態　中学部1～3年生 16名

≫ 教師の願い

学習場面より
- さまざまな楽器に興味をもち,演奏することを楽しんでいる生徒が多い。
- 楽譜の読み取りがむずかしく,旋律楽器では,鍵盤を探すのに時間がかかってしまう生徒が多い。
- 8分音符など,半拍のリズムをとることがむずかしい生徒が多い。

遊び場面より
- アニメなどのさまざまな曲に興味をもち,友達と一緒に曲を聞いて過ごす生徒が多い。

- ✔ 音符の読み取りに労力をかけずに,いろいろな曲の演奏を楽しんでほしい。
- ✔ 半拍のリズムを実感してほしい。
- ✔ 友達と音を合わせて楽しいという経験を積んでほしい。

≫ 支援のポイント

フィギャーノートの使用による楽譜の簡略化　[学習活動①]

音階名がわからなくても旋律楽器の演奏を楽しむことができ,半拍のリズムが実感できるよう楽譜を視覚的にわかりやすくして生徒に提示する。

友達と音を重ねて楽しむ場面の設定　[学習活動②]

友達と音を重ねて楽しむ経験を積むことができるよう,合奏を楽しむ場面を設定し,演奏する時間を十分に確保する。

学習活動の流れ

1 フィギャーノートの楽譜を用いて自分のパートの練習をする

▶ 旋律楽器に貼ってある絵音符のシール（右上写真）と自分の手元にあるフィギャーノートの楽譜（右下写真）に書いてある絵音符をマッチングさせながらパート練習をする。
▶ フィギャーノートに○，△などの形で示される1拍のリズムと，その形が縦に細長く表わされている半拍のリズムを演奏し，そのリズムを実感する。

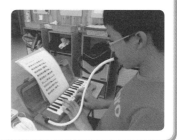

2 友達と合奏をする

▶ 全員がよく知っているメロディーラインから合奏をする。
▶ 合奏を何度も行い，リズムが合っていく過程や音の重なりを実感する。
▶ リズムや音の重なりが実感できるようになったら，合奏する曲の長さを増やしたり，他の曲の練習を行ったりする。

生徒の変容

　フィギャーノートを使用した楽譜を用いることで，初見の段階からリズムがくずれることなく演奏することができるようになった。自分がいつも聴いている曲のフレーズを演奏することができ，さらに知らないフレーズも練習する様子が見られた。

　友達と合奏し，音の重なりを実感する経験を積むことで，「もう1回（合奏を）やりたい」と教師に伝えたり，「一緒に合わせてみよう」と友達に声をかけたりする様子が見られるようになってきた。

実践事例 9 [数学] 長さを測ろう

》学習活動の概要

生徒の好きなアニメのキャラクターの身長を測ったり，自分の身長と比べたりする学習活動です。興味・関心をもって，友達とかかわりながら取り組みます。

》生徒の実態　中学部1～3年生4名

学習場面より
- 長さを測る経験が少なく，測る物の端に「0」の目盛りを合わせたり，目盛りを正確に読んだりすることがむずかしい生徒がいる。
- 他に気になるものがあったり，活動に興味がもてなかったりすると，活動に参加できないことがある生徒がいる。

生活場面より
- 自分の身長に関心をもち，教師に背比べを求める生徒がいる。
- 好きなことやものを通じて，自分から友達とかかわり合おうとする生徒がいる。

》教師の願い

- くり返し取り組むことで，長さの測り方への理解を深めてほしい。
- 学習活動に興味をもって，意欲的に取り組んでほしい。
- 友達の発表を聞いたり，協力したりするなど，友達とかかわりながら活動してほしい。

》支援のポイント

実際に長さを測ってみる活動時間の設定　学習活動①，②
　長さを測る道具の使い方や目盛りの読み方が定着するように，実際に長さを測る活動時間を多く設定する。

生徒の好きなものを活用した教材の準備　学習活動②
　生徒が意欲的に活動できるように，生徒の好きなアニメキャラクターの等身大ポスターを複数用意する。

友達とかかわり合いながら活動する場面の設定　学習活動②，③
　メジャーを2人で使用したり，道具を譲り合って使ったり，測った結果を友達と見比べたりする場面をつくる。

第3章●インフォーマルなアセスメントを活用した子ども理解

≫ 学習活動の流れ

1 長さの測り方を知る
- ▶ 長さを測る道具の名前を確認する。
- ▶ 定規やメジャーの使い方を確認する。
- ▶ 長さの単位を知る。
- ▶ 身近にある物の長さを測ってみる。

太い線の長さは

2 アニメのキャラクターの身長を測る
- ▶ 定規やメジャーを使って，等身大のアニメキャラクターの身長を測る。
- ▶ 身長を測ったら，自分の写真カードに記入する。
- ▶ メジャーを使うときには，友達と協力する。

3 自分の写真やアニメのキャラクターのカードを背の順に並べる
- ▶ 身長が書かれた生徒の写真カード，キャラクターの絵カードを身長の低い順に並べる。
- ▶ 台紙に順番に貼る。
- ▶ 最後に友達と見比べる。

≫ 生徒の変容

身近にある物の長さやキャラクターの身長をくり返し測ることで，長さを測る道具の使い方を覚え，目盛りを正しく読むことができるようになった。

「自分とこのキャラクターはどっちが大きいか調べてみよう！」と言いながら，意欲的に長さを測る活動に取り組む様子が見られた。

メジャーを使う際に友達に「手伝って」と声をかけ，2人で協力して長さを測ったり，道具を譲り合って使ったりする様子が見られた。

実践事例 10 [認知・概念] 新聞を活用しよう ～NIEの視点を生かして～

》学習活動の概要

新聞が身近な存在であることを知り，新聞の活用を通して，自ら必要な情報を得ようとする習慣につなげるための学習活動です。NIEの視点を生かし，国語や社会などの教科的な要素を取り入れています。

》生徒の実態　中学部1～3年生4名

学習場面より
- ○地図帳で国や都市を調べたり，国語辞典の使い方を学んだりしている。
- ○簡単な文章の読み書きができ，板書の内容をノートに書き写すことができる。
- ○新しい知識に対しての興味・関心が高い。
- ●教師からていねいに質問をされると表現できる生徒が多い。
- ●わからないことは自分で調べて解決しようとする生徒は少ない。

生活場面より
- ○ニュース番組を見ていて，国内外の時事について，教師とよく話している生徒がいる。

》教師の願い

- ✓新聞を活用し，視覚的な情報を生かして，国語や社会，理科などの教科的な要素を取り入れた学習活動を展開したい。
- ✓いままでの学習経験を生かして，自分の考えや意見を整理する力や文章を読解する力の向上や，自分で調べる習慣をつけることにつながってほしい。
- ✓新聞を見たり，見たことを家族や友達と話したりすることで，社会や地域に関心を向けるきっかけにしてほしい。

》支援のポイント

必要な情報を読み取るための教材準備　学習活動①，②

生徒が読解しやすい新聞記事（本事例ではこども新聞を活用）を用意し，記事の内容に合わせて，地図帳や国語辞典，タブレット端末などの教材を準備して活用する。

自分や他者の考えをまとめる工夫　学習活動①，②

生徒の考えや意見を黒板にまとめ，生徒がノートに板書をまとめられるようにする。

実際に操作・体験する場面の設定　学習活動①，②

地図帳で近隣諸国を調べる，意味がわからない言葉は国語辞典で調べるなど，体験的に学ぶことができるような場面を工夫して設定する。

第3章●インフォーマルなアセスメントを活用した子ども理解

≫ 学習活動の流れ

1 地図や文章から情報を読み取る（社会・国語的な内容）

- ▶ 新聞の中で，日本を取り巻く近隣諸国とのトラブルの記事を取り上げる。
- ▶ 地図帳や国語辞典，タブレット端末などを活用し，トラブルの主な原因や日本の領土，平和の重要性などについて読み解く。

2 自分が他者の考えをまとめる（国語的な内容）

- ▶ 記事の説明文を段落ごとに読み進め，教師の「この段落で伝えたいことは？」の問いに対する自分の考えを発表する。
- ▶ 生徒から出た考えを黒板にまとめ，生徒はノートに板書を書き写し，記事が伝えたいことを整理する。

≫ 生徒の変容

記事の中でわからない言葉が出てくると，自分から国語辞典で意味を調べてノートにまとめる姿が見られるようになった。他にも，地図帳やタブレット端末で調べることで，記事が伝えたいことを考えようとする姿も見られるようになった。わからないことは自分で調べるというきっかけになった。

いままでの経験を生かしながら，記事を読み解いていく中で，当初は教師の促しで自分の考えを出すことが多かったが，徐々に自分から記事についての考えを教師や友達に伝えるようになってきた。板書された内容をノートにまとめることで，自分や友達の考えを整理しながら，記事が伝えたいことに気づくようになってきた。

【引用資料】読売KODOMO新聞（読売新聞社）

実践事例 11 [地域活動] みんなで話し合って出かけよう

≫ 学習活動の概要

地域活動で出かけるときに，グループで地図を見ながら目的地までの効率的で安全なルートを決める話し合いの学習活動です。その中では話し合いのスキルに焦点を当てています。

≫ 生徒の実態　高等部1～3年生5名

学習場面より
- ○自分なりの意見や考えを発表することができる。
- ○簡単な言葉でのやり取りができる。
- ●友達の意見を聞き入れて，意見をまとめることがむずかしい生徒がいる。
- ●自分のルールにこだわる生徒がいる。

遊び場面より
- ○友達と相談して遊ぶ経験はしている。
- ●友達とのトラブルが多い生徒がいる。

生活場面より
- ●ストレスがかかると，イライラして手が出てしまう生徒がいる。

≫ 教師の願い

- ✓自分の意見と友達の意見を比較して，よりよいルートを決められるようになってほしい。
- ✓友達に認められる経験をたくさんしてほしい。
- ✓話し合い活動の必要性を感じて活動してほしい。
- ✓友達と協力して活動するよさや楽しさを経験してほしい。

≫ 支援のポイント

多様性のある選択肢の提示　学習活動①，②
どのルートにもよさがあるため，友達に認められる選択肢を提示する。

共感的な相互交渉の場面の設定　学習活動②
互いのよいところを話し合い，認め合える場面を設定し，共感的に意見をまとめるように促す。

必要性を感じる活動　学習活動①，③
話し合い活動の必要性を感じられるように，生徒にとってわかりやすい目標と活動を設定する。

学習活動の流れ

1 目的地までのルートを考える

- 目的地（ファストフード店）を知る。
- ルートを考える。
- プリントにルートを書き込む。
- 選んだ理由を記入する。

2 話し合いで目的地までのルートを一つ決める

- おすすめルートを互いに発表しあう。
- 友達のよいところを伝え合う。
- 互いのよいところ（距離 / 時間 / 安全性）をあわせて決定する。
- 採用されなかったことは次回に生かす。

3 地図を見ながら目的地に向かって出発

- みんなで決めたルートで目的地（ファストフード店）に向かう。
- 話し合い活動で友達の意見を取り入れたことが，自分にとって成功経験になっていることを確認する。

生徒の変容

話し合い活動自体に抵抗が少なくなり，自分の意見を発言したり，意見をまとめたりすることがスムーズにできるようになった。

意見がまとまる喜びを知ったり，多種多様な意見を聞いたりすることが多くなってきた。

似たような場所に行くと，「こっちの道の方が車通りが多い」「こっちの道の方が距離が短い」など，友達の意見を自分の意見として表現するようになった。

実践事例 12 進路・作業 受注作業に取り組もう ～出来高を意識して～

≫ 学習活動の概要

受注作業は卒業後の仕事や作業を具体的に想定し，市内の企業や大学から発注された作業を行う学習活動です。商品のラベルやダイレクトメールの宛名シール貼り，菓子箱の箱折り作業，商品の封入などを行っています。

≫ 生徒の実態　高等部1〜3年生7名

学習場面より
- ○2時間の作業に意欲的に取り組む生徒が多い。
- ○目標の出来高を目指して，意欲的に取り組む生徒が多い。
- ●手先があまり器用ではないため，ラベルシールを曲げて貼ってしまう生徒がいる。
- ●時間を気にせず，自分のペースで作業をしてしまう生徒がいる。

≫ 教師の願い

- ✓より高い出来高を目指して作業してほしい。
- ✓不得意な作業も苦手意識をもつのではなく，支援を受けながらできることを知ってほしい。
- ✓残りの時間を意識し，作業速度を意識しながら，作業をしてほしい。

≫ 支援のポイント

一人一人の力に応じた目標の設定 学習活動①

前回の出来高を確認し，自分の可能な作業量を確認しつつ，教師とともに適切な目標を設定し，目標の出来高を意識して積極的に作業に取り組むことができるよう支援する。

苦手な作業でも成功体験を味わうことのできる工夫 学習活動②

苦手な作業も自分の力でできたという達成感を味わうことができるよう，生徒に合ったジグを作成して支援する。

自らの作業時間を記録 学習活動③

作業時間を自分から記録することで，自ら時間を意識して作業できるようになり，作業スピードが上がるよう支援する。

学習活動の流れ

1 教師とともに今日の目標の出来高を設定する

▶ 前回の出来高を確認する。
▶ 今日の活動時間を確認する。
▶ 前回の出来高と今日の活動時間を踏まえ，教師とともに目標の出来高を設定する。

2 ジグを使用して作業を行う

▶ 作業の材料とジグを受け取る。
▶ ジグを使用し，作業を行う。
▶ 作業が終わったら教師に報告し，製品のチェックを受ける。

3 作業時間を記録しながら作業を行う

▶ 作業記録表に，目標の出来高や今日の作業時間を記録する。
▶ 材料を受け取り，ストップウォッチで時間を計りながら作業を行う。

生徒の変容

前回の出来高より少し高い出来高を教師と確認しながら設定することで，目標を達成する回数が増え，出来高が向上するとともに，さらに意欲的に作業をする様子が見られるようになった。

ジグを使用して正しい位置にシールを貼る作業を重ねることで，作業にも慣れた。さらに，ジグがなくても正確にシールを貼ることができるようになった。

自ら，ストップウォッチを使用して作業時間を記録することで，教師が指示するよりも時間を意識するようになった。さらに，作業スピードも上がり出来高が増えた。

実践事例 13 [美術] タイルでデザインしよう

≫ 学習活動の概要

鉛筆や筆を扱うことが困難な生徒でも，シールやタイルを用いた造形活動から，形や色彩の構成を学ぶことができます。完成した作品を鑑賞することでさらに興味や関心を促すことができる学習活動です。

≫ 生徒の実態　高等部1～3年生4名

学習場面より
- 自分なりの表現をしながら，絵画や制作活動に取り組む生徒がいる。
- 集中できる時間が短い生徒がいる。
- 絵画活動の完成がわかりにくい生徒がいる。
- 同じ色だけを使ってしまう生徒がいる。
- 色を塗ったり，描いたりすることがむずかしい生徒がいる。

遊び場面より
- パズルやブロックが好きな生徒がいる。
- 好きな色に対して興味を示す生徒がいる。
- 身の回りのものに興味を示さない生徒がいる。

≫ 教師の願い

- 実態に応じた段階のある教材を用いて，ステップアップしてほしい。
- 一人で自信をもって作業を進められるようになってほしい。
- 生徒が考えたり悩んだりする場面を設けたい。
- 制作する喜びを家族や友達と味わってほしい。

≫ 支援のポイント

学習するパターンの作成　学習活動①
柄の色数を単色にした1対1対応や，2色以上のマッチングなど，生徒が自信をもってできること，一人でもやれることに取り組むことで，学習のパターンをつくる。

生徒の実態に応じた教材の準備　学習活動②，③
単色の模様から複雑な模様，グリッドの数など，実態に応じて幅のある教材にし，事前にいくつかの模様を準備する。

発想や構想につながる場面をあらかじめ設定　学習活動②，③
制作のパターンを崩すこと（たとえば模様に空白部分を設けるなど）で，自ら空白部分の色を考えて新しい模様を構想したり教師と一緒に考えたりできる場面を設定する。

学習活動の流れ

1 模様に従って，シールを貼る

▶ 模様を見て，同じ箇所にシールを貼る。

※ 生徒の実態に合わせて，単色であれば1対1対応，2色以上のマッチングなど，一人でも自信をもって進められる取組みにすることで，学習のパターンをつくる。

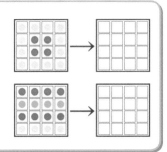

2 型枠に，モザイクタイルをはめ込む

▶ 制作する模様を選び，取り組む。

3 大きな型枠で，モザイク画に挑戦する

▶ 制作する模様を選び，取り組む。
▶ 模様のデザインを考える。

生徒の変容

小さな型枠に，タイルを並べることで精一杯だった生徒が，「型枠の数が増える→型枠が大きくなる→扱うタイルの色数が増える→模様が複雑になる」など，ステップアップすることができた。

タイルの空白部分を考えることによって，教師に相談をしたり，仲間の様子をのぞいたり，自ら紙にドットを描いて図案を考えたりするなど試行錯誤の様子が見られた。

展示された友達の作品を見ながら，「綺麗だね」と作品の感想を伝えあったり，家に作品を持ち帰って，保護者からほめられて美術へのモチベーションが高まったりした。

実践事例 14 [体育] タブレット端末を使用して、よりよい走りを！

≫ 学習活動の概要

タイムの結果と修正点をタブレット端末を使ってモニタリングして確認し、記録や技術の向上を目指す学習活動です。走る前に陸上選手のレース動画を視聴し、実際に走る際には、タイム計測と動画撮影をしました。

≫ 生徒の実態　高等部2, 3年生6名

学習場面より
- ○体を動かすことが好きな生徒が多い。
- ○走ることを楽しむ生徒がいる。
- ●自分なりのフォームで走ろうとする生徒がいる。
- ●言葉や字による説明では、イメージを共有することがむずかしい生徒がいる。
- ●動画だけでは正確にモニタリングすることがむずかしい。

生活場面より
- ●活動によっては、他者の様子を確認し、模倣できる生徒が多い。
- ●自分のやりかたに固執してしまい、効率のよい手順に変えることがむずかしい生徒が多い。

≫ 教師の願い

- ✓自分の走りを振り返り、かっこよく走れるようになってほしい。
- ✓スタートダッシュ、中間疾走、フィニッシュの動きを、生徒が理解できるようになってほしい。
- ✓「全力で走る」だけでなく、走る技術を身につけることでタイムを向上できる体験をしてほしい。

≫ 支援のポイント

プロ選手の走りの手本を準備　学習活動①
　走る前にプロ選手の動画を見ることで、走りのイメージをもちやすいようにする。

タブレット端末で即時評価　学習活動②
　自分のタイムの結果とフォームをその都度モニタリングし、改善につなげるようにする。

タイムの結果や動画を共有する場面の設定　学習活動③
　友達からほめられたり動画を見て改善点を話し合ったりすることにより、自信につなげるように支援する。

学習活動の流れ

1 陸上選手のレース動画をテレビモニターで視聴する

▶ スタートダッシュ，中間疾走，ラストスパートの場面ごとの体の傾き方や目線の向きを確認する。
▶ ゴール地点通過後に走り抜けていることを確認する。

2 2回の試技を行い，タイム計測と動画撮影をする

▶ ①スタートダッシュで体を前傾できているか，②ゴールに向けてだんだん体を起こすことができたか，③ゴール地点通過後も走り抜けているか，についてタブレット端末で確認し，生徒一人一人を評価し，称賛と課題設定を行う。

3 タイムの結果とフォームの修正点をモニタリングして確認する

▶ 走りの3つのポイントについて友達みんなでタブレット端末で確認し，互いに評価，称賛と課題設定を行う。

生徒の変容

1回目と2回目でフォームに変化が見られ，多くの生徒がフォームを改善できた。モニタリングでの気づきを体で表現できる生徒には有効であった。

生徒	1回目	2回目
A	20'69	19'21
B	20'94	20'98
C	22'22	20'47
D	19'70	18'62
E	26'83	24'91
F	23'41	20'02

タイムに向上が見られた（6名中5名）。フォームの修正，走り抜けることの意識づけの指導として，具体的に動画で示すことが対象生徒にとってわかりやすかったと考える。

よかった部分や改善が必要な部分について，生徒どうしで相互評価することができた。

コラム 2

教師としての"センス"

　教師として働きながら、「私は，教師としてのセンスがあるのかしら」とだれもが悩んだことがあるのではないでしょうか。
　「子どもが好きで教師という道を選んだけれど，センスがなくて……」と悩む先生も多くいます。
　そもそも，教師としての"センス"って，何なのでしょう？

　いろいろあると思いますが，ここでは「アセスメント」に関する視点でお話をしたいと思います。
　教師は，子どもたちの成長のために，日々"何ができていて，何ができるようになったらよいのか？""何ができるようになったら，この子は幸せに生きられるのか？"と考えます。
　そのために必要なのが，「気づき」なのではないでしょうか。
　「おや？」「なるほど！」という気づきは，教師の大事な"センス"だと思います。

　それから，気づいたことを実行に移す「行動力」。これも大事。
　目標を立てて，それを指導するアイデアを生み出せる行動力だと思います。

　"センス"があるといわれる先生は，子どもの現在目指すべきことに気づき，どうやったらできるようになるか実態把握ができ，指導のためのアイデアを生み出せる「日常的にインフォーマルなアセスメントができる人」なのではないでしょうか。

　「インフォーマルなアセスメント」は，実はいつも先生方が頭に浮かべていることです。
　・何が好きなのかしら？　苦手なのかしら？
　・何に興味があるのかしら？
　・数はどれくらいわかっているかな？
　・文字を書くのは苦手だけど，読むのはどれくらいできるのかな？
　などなど，担当する子どもについての疑問とそれを解決する営みが，「インフォーマルなアセスメント」です。

　いつも，子どもに対する疑問をもち，解決しようとすること……，これがセンスを磨く鍵になるかもしれません。

第 4 章

フォーマルなアセスメントを活用した子ども理解

解説
実践事例1 小学部　国語
実践事例2 小学部　日常生活
実践事例3 中学部　作業学習
実践事例4 高等部　日常生活

検査結果を子ども理解とその支援につなげよう

❶ フォーマルなアセスメントとは

　子ども理解のために，心理検査などにより客観的に子どもの実態を把握することをフォーマルなアセスメントといいます。
　フォーマルなアセスメントの特徴には，次のようなものがあります。

① 尺度が標準化されており，信頼性，妥当性が確保されている。
② マニュアルに従うことで正しく検査を実施することができる。
③ 結果は数量化され，数値に基づいた評価を行うことができる。

① 個人のもつ特徴や能力をうまく測定できないこともある。
② 検査による測定は，常に一定の誤差がある。
③ １回限りの検査で測定した結果の妥当性には限界がある。

つまり，以下の３点に気をつけることが大切です。

① 子どもの主訴をしっかりととらえてから実施する。
② 測定結果については，子どもの背景情報を照らし合わせて解釈する。
③ 測定結果の解釈から，子ども理解とその支援につなげる。

❷ 心理検査と実践をつなぐために

　フォーマルなアセスメントに用いられる心理検査は，子どもの発達の様子や，性格および行動の特徴などの心理学的な特性を客観的に測定するため，心理測定理論に基づいて標準化されています。
　近年，心理検査は，KABC-ⅡとWISC-Ⅳに代表されるように，単なる知能水準の把握にとどまらず，効果的な指導につなげるための支援ツールとして積極的に活用されるようになってきました。
　また，**心理検査バッテリー**とは，子どもを多面的に理解するために，複数の心理検査を組み合わせて実施することをいいます。本章では，KABC-ⅡとWISC-Ⅳを用いた心理検査バッテリーを基にした，フォーマルなアセスメントによる子ども理解と支援についての事例を紹介します。

❸ 検査結果の解釈について

　心理検査の結果は，心理検査による客観的な**量的な情報**だけではなく，子どもの背景情報や行動観察などの**質的な情報**と併せて，総合的に解釈していくことが大切です。

　心理検査の結果を解釈するときには，マニュアルに基づいて正しく行います。また，子どもの行動についても，反応の正誤だけではなく，課題に対する取り組み方や態度などできるだけていねいに観察・記録することが大切です。

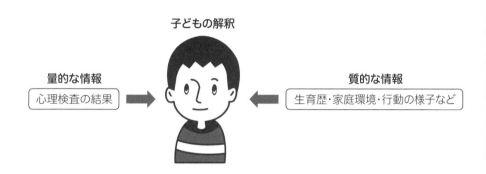

❹ 長所を生かし，短所に配慮する支援を

　心理検査は，第一にアセスメントを受ける子どもに利益をもたらすものでなければなりません。そのため，アセスメントの結果から子どもの特徴や能力を単に把握するだけではなく，その情報を用いて子どもの主訴に迫る効果的な指導・支援につなげる必要があります。

　指導・支援の代表的な方略については，**短所改善型指導**と**長所活用型指導**がありました。前者は，苦手なことや弱い能力を改善することを重視した指導方略で，後者は，得意なことや強い能力をより積極的に活用することを重視した指導方略です。

　近年の特別支援教育においては，後者がとても重要であるとされています。実際に，多くの実践研究において，長所活用型指導の重要性が示されています。

　本章の事例においても，子どもの長所を生かし短所に配慮する長所活用型指導を大切にしています。子どもの得意なことや強い能力を最大限活用し，習得していない知識や技能をいかに効率的に習得するかということが大切なのです。特に強い能力と弱い能力の差があればあるほど，長所活用型指導は大変重要になります。

　子どもの長所と短所を把握し，効果的な指導をするためにも，フォーマルなアセスメントによる子ども理解はこれまで以上に重要になります。

（出典：藤田和弘・青山真二・熊谷恵子　編著（1998）『長所活用型指導で子どもが変わる』図書文化）

実践事例 1 [国語] ひらがなの単語読み指導

① 主訴

子どもの願い
- ひらがなの50音は読めるのになぁ
- 書いてある言葉の意味をわかるようになりたい

保護者の願い
- 1個ずつならひらがなが読めるのに……
- 言葉として読めるようになってほしい

教師の願い
- 単語のまとまりとしてひらがなを読めるようになってほしい
- 逐次読みするけれど，意味理解を伴っていないなぁ

単語の意味を知って，まとまりとして読めるようになりたい！

② 児童の実態

6歳9か月　男子

○学習にはとても意欲的です。
○言葉を使った簡単なコミュニケーションができます。
○ゲームやパソコンがとても好きです。
○ボール遊びが得意です。
●ひらがなの50音は一通り読めますが，濁音，半濁音，拗音，長音は読めません。
●指さしでほしいものを要求することが多いです。
●話すことは大好きですが，言葉が不明瞭なときがあります。

③ KABC－Ⅱのプロフィール

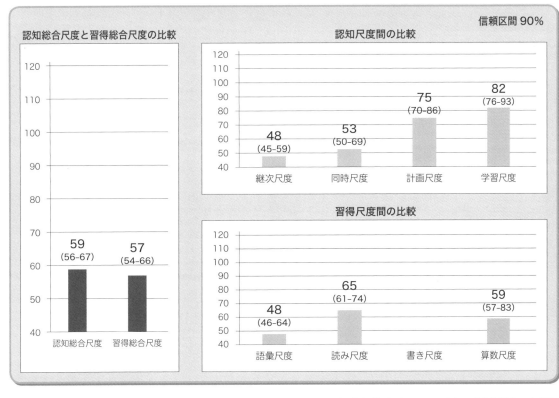

ここからわかること！

※本児の検査年齢が6歳9か月であり，「書き尺度」全部と「算数尺度」一部の下位検査を実施していない。

● 認知総合尺度は59で，知的水準は「非常に低い」に位置する。

→ これまでの生活で身につけた言葉や物の名称を十分に生かすとよいでしょう。

● 認知尺度の中で，継次処理は有意に低い。

→ 順番に情報を処理することや音を手がかりに情報を処理することが苦手かもしれません。

● 認知尺度の中で，学習尺度は有意に高い。

→ 絵と音を一緒に用いること（対連合学習）で，新しい情報を効率的に学習し，覚えたままの状態にすることが比較的得意かもしれません。

● 認知尺度の中で，計画尺度は比較的高い。

→ 課題を解決するための方法や進め方を決めたり，途中で見直して修正/確認したりすることが比較的得意かもしれません。

● 習得総合尺度は57で，基本的な学習水準は「非常に低い」に位置する。

→ 言葉で表現することが苦手かもしれないので，配慮が必要でしょう。

④ WISC-Ⅳのプロフィール

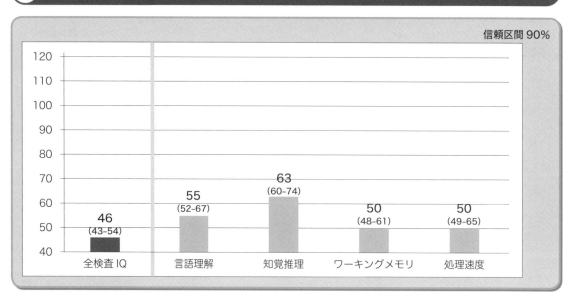

> **ここからわかること！**

●全検査IQは46で，知的水準は「非常に低い」に位置する。

→ 現在知っている/経験のある事物と関連づけた学習が効果的でしょう。

●言語理解/知覚推理/ワーキングメモリ/処理速度は「非常に低い」に位置する。

→ 4指標間の比較をさらにていねいに行うことが必要でしょう。

●知覚推理は比較的高い。

→ 見たものを手がかりに身体を動かすこと（視覚－運動の手がかり）を生かした学習が得意かもしれません。

●ワーキングメモリは比較的低い。

→ 聞いたことをいったん覚えておくこと（聴覚的短期記憶）に配慮が必要かもしれません。情報や活動を必要最低限にしぼり，伝えたいことは文字で書くなどが有効でしょう。

●処理速度は比較的低い。

→ 焦らずにゆっくりと取り組めるように，時間や作業量に配慮することが必要でしょう。

❺ 総合解釈と支援のポイント

≫ 総合解釈

- 知的水準は「非常に低い」に位置しています
- 知覚推理，空間処理，視覚－運動の能力が強いです
- 音声情報を順番に処理することが苦手です
- 聴覚的短期記憶に配慮することが必要です
- 対連合学習（絵-音）を用いて学習することが得意です
- 方法や進め方などを決める計画能力が比較的強いです
- 知っている言葉と事物を関連づけた指導が有効です

≫ 支援のポイント

①学習のねらいと内容をシンプルにする

②視覚情報と音声情報の両方を活用する

③直観的に方法や進め方を決めたり課題を行ったりできる工夫をする

④聴覚的短期記憶に配慮する

2～3文字にする

⑤生活の中で身につけた言葉と事物を関連づける

ねこ ——
さる ——
みかん ——

6 学習支援

≫ 指導計画

指導期	回数	内容	目的
1	8回	8つ具体物と文字の統合	知っている文字と具体物のマッチング
2	8回	8つ文字と音の統合	知っている文字と音の読みスムーズ化

≫ 学習評価の方法

得点	行動
5	スムーズに読むことができる「みかん」
4	伸ばしながら読むことができる「み〜か〜ん」
3	拾い読みができる「み・か・ん」
2	教師と一緒に拾い読みができる「み・か・ん」
1	読めない

≫ 学習支援

① 具体物と文字の統合

- 提示された絵の名称の文字と音を照合します。**≪支援のポイント①,②**
- タブレット端末に提示されている動物や果物の絵の名称を声に出します。**≪支援のポイント②**
- 絵の名前の文字を照合します。**≪支援のポイント③**
- 絵と文字を見ながら名称を声に出します。**≪支援のポイント④**

② 文字と音の統合

- 提示された絵と文字を用いて照合します。**≪支援のポイント①,②**
- 提示する動物や果物は,児童の身近な物を精選して扱います。**≪支援のポイント⑤**
- 提示する物の名称は2〜3文字とします。**≪支援のポイント④**
- 自分で操作できるように,タブレット端末に絵と文字を提示します。**≪支援のポイント③**
- 絵をシルエットにした状態で,文字を声に出して読みます。
- シルエットが消えた状態で,文字を声に出して読みます。

❼ 児童の変容

▶▶ 学習支援での変容

① **具体物と文字の統合　による変容**

→ ひらがなの単語読みは,「教師と一緒に拾い読みができる」状態から「伸ばしながら読むことができる」状態へと変容しました。

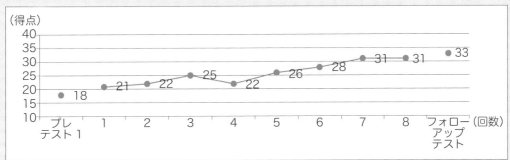

② **文字と音の統合　による変容**

→ ひらがなの単語読みは,ひらがなのみの提示でも「伸ばしながら読むことができる」状態から「スムーズに読む」状態へと変容しました。

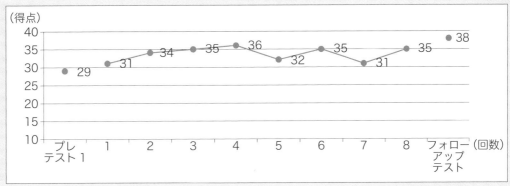

▶▶ 学校や家庭での変容

・学校生活で用いているスケジュールのひらがなを一人で読めるようになりました。
　（例）「えほん」「うた」「きがえ」など
・朝のあいさつや帰りのあいさつの言葉が明瞭になってきました。
　（例）「おはようございます」「さようなら」など
・小集団学習で言葉を口に出すことが増えました。
　（例）「めいろ」「まる」「さんかく」「しかく」など
・指示カードの理解が深まってきました。
　（例）手順書の「できました」を読めるようになりました。

実践事例 2 日常生活 縄跳び

① 主訴

子どもの願い
・楽しく体を動かしたい
・縄跳びをやってみたい

保護者の願い
・手首の使い方と跳び方を習得してほしい
・焦らず取り組んでほしい。縄跳び自体は好きだから，よい運動になると思うのだけれど……

教師の願い
・友達みたいに連続して縄跳びができるようになってほしい
・練習しているのに，逆にできなくなっていく……

友達みたいに，連続して縄跳びをしたい！

② 児童の実態

10歳7か月　女子

○ポケモンの名前や英単語を覚えていて，身近な大人とその話題をすることが好きです。
○友達と一緒に自然な形で活動に取り組むことが得意です。
●見本を見たり説明を聞いたりしてから活動に取り組むことが苦手です。
●ラジオ体操など，見本を見て，そのとおりに正確に手足を動かすことが苦手です。
●困ったときに，相手にわかるように状況を伝えることが苦手です。
●活動への取り組み方や人とのかかわり方を変えることが苦手です。
●最近，体重が増えてきました。

③ KABC-Ⅱのプロフィール

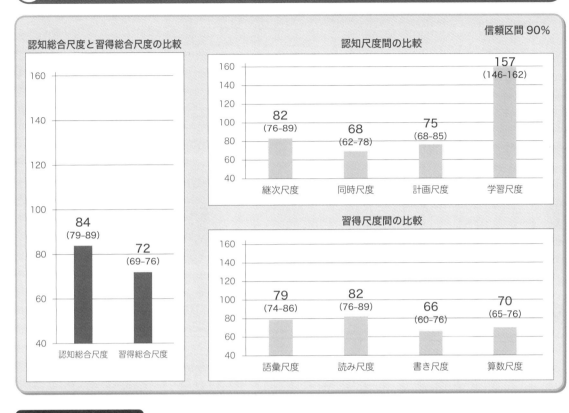

ここからわかること！

- 認知総合尺度は84で，知的水準は「低い～平均の下」に位置する。
  → 認知尺度間に大きなばらつきがあるので参考値として慎重に解釈するとよいでしょう。

- 継次尺度が同時尺度より有意に高い。
  → 順番に情報を処理することが比較的得意かもしれません。

- 認知尺度の中で，計画尺度が有意に低い。
  → 課題を解決するためのやり方を決めたり，途中で見直して修正/確認したりすることが苦手かもしれません。

- 認知尺度の中で，学習尺度が有意に高い。
  → 絵と音を一緒に用いること（対連合学習）で，新しい情報を効率的に学習し，覚えたままの状態にすることが非常に得意かもしれません。

- 習得尺度の中で，語彙尺度の下位検査間に大きな差が見られる。
  → 検査中の様子などをさらにていねいに見ていくことが大切でしょう。

❹ WISC-Ⅳのプロフィール

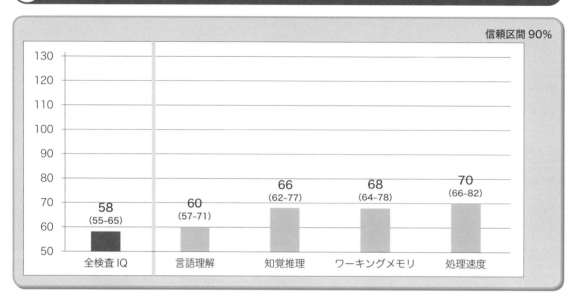

ここからわかること！

● 全検査 IQ は 58 で，知的水準は「非常に低い」に位置する。

→ 現在知っている／経験のある事物と関連づけた学習が効果的でしょう。

● 言語理解／知覚推理／ワーキングメモリ／処理速度は「非常に低い」に位置する。

→ 4指標間の比較をさらにていねいに行うとよいでしょう。

● 処理速度の下位検査が比較的安定している。

→ 単純な視覚情報による課題は比較的得意かもしれません。
また，スモールステップで順番に取り組むことが有効でしょう。

● 言語理解の下位検査にばらつきがある。

→ 本人が知っているわかりやすい言葉で，簡潔に話をすると理解しやすいでしょう。

● 知覚推理とワーキングメモリの下位検査時に特徴的な様子が見られる。

→ 一度にたくさんの情報を提示しないほうがよいかもしれません。視覚情報でも，量を絞り，必要に応じて一つ一つタイミングよく提示することが有効でしょう。

第4章 ● フォーマルなアセスメントを活用した子ども理解

❺ 総合解釈と支援のポイント

▶ 総合解釈

- 知的水準は「非常に低い～低い」に位置しています
- 提示する情報の質と量に配慮することが必要です
- 課題を分割して，一つ一つ順番に取り組んでいく指導が有効です
- 視覚情報と音声情報の両方を活用した指導が有効です
- 興味ある言葉や知っている言葉を「キーワード」として使うことが有効です
- 活動の順番や目標を明確にして取り組むことが有効です
- 活動に注目できるような環境の確保が必要です

▶ 支援のポイント

①課題を分解する

A：ジャンプ
B：手首まわし
C：縄まわし
　　（半分に切った縄）
D：縄跳び

②正しい動作を，教師と一緒に取り組んで伝えるとともに，視覚情報として振り返る

跳んでいる映像に吹き出しを付けて動きを確認

③動作に名前をつける

A：ジャンプ
　　→「ピョンピョン」
B：手首まわし
　　→「ブルンブルン」
C：縄まわし
　　→「バンバン」

④目標をスモールステップ化する

1回ごとに目標を設定。達成したら増やす

⑤集中して取り組むことができる環境を整える

黒板を仕切りにし，活動に集中して取り組めるよう配慮

111

⑥ 学習支援

》》指導計画
○跳び方の部分練習に取り組む。
○自分で目標を確認しながら，落ち着いて練習に取り組む。

》》学習評価の方法
○跳び方の観察
○回数の確認
○取り組み方の様子の観察

》》学習支援

① 跳び方の部分練習

- 「ジャンプ」「手首まわし」「縄まわし」に動作を分解します。《支援のポイント①
- それぞれの動作を，教師が児童の手に自分の手を添えて一緒に行いながら，本人の言葉で動作に名前をつけます。《支援のポイント②，③
- テレビ画面でそれぞれの動作と「ピョンピョン」「ブルンブルン」「バンバン」の名前を確認します。《支援のポイント②
- 「ピョンピョン」「ブルンブルン」「バンバン」と言いながら，くり返し教師と練習します。徐々に教師はフェードアウトします。《支援のポイント④

「ピョンピョン」だ！

バイクみたい〜！
「ブルンブルン！」

これってムチみたい！
「バンバン！」

② 目標の設定

- 正しい跳び方ではなくても，まずは跳べる回数（本児の場合3回）を初期目標に設定し，黒板に書いて提示します。《支援のポイント④
- 直前に跳んだ回数に対して，1回ずつ増やしていくように助言し，達成できたら，オーバーにほめます。《支援のポイント④
- 目標回数を跳べなかったときには，「ピョン」「ブルンブルン」「バンバン」と音声で伝え，やり方に気づくように言葉をかけます。
- 友達と場を共有しつつも，間に目標を書く黒板でさりげなく置き，友達との距離をつくります。《支援のポイント⑤
- 10回以上跳ぶことができた映像を一緒に見てほめます。《支援のポイント②

❼ 児童の変容

≫ 学習支援での変容

① 跳び方の部分練習 による変容 ➡ 縄跳びの動きを習得してきました。

跳び方の観察
- 「跳ぶ」では，これまでは足の裏全部を使って跳んでいましたが，つま先で跳ぶことができるようになってきました。
- 「手首まわし」では，これまでは腕全体を大きく振りまわしていましたが，肘を曲げたままで手首を回転させることができるようになりました。
- 「縄（半分にきった縄）まわし」では，これまでは縄を跳び越えることに気持ちが向いて，前方向に大きく着地の位置がずれたり，縄が下に来ていないときにジャンプしてしまったりすることがありましたが，手首が下を向いたときのタイミングでジャンプすることができるようになってきました。

取り組み方の様子の観察
- 具体的に一つ一つ体の動かし方を伝えたことで，正しい動作ができるようになりました。
- 本人の言葉を使いながら動作に名前をつけたこと，さらに，テレビ画面で動作と名前の確認を行ったことで，その言葉を使いながらくり返し練習に取り組むことができました。

② 目標の設定 による変容 ➡ 焦らず，落ち着いて練習に取り組めました。

跳び方の観察
- 目標回数が，前回の跳んだ回数プラス1回，または，前回と同数なので，「できなかった」というコメントがみられなくなり，くり返し練習に取り組む様子が見られました。
- 友達の様子に振りまわされることなく，自分の目標に集中できるようになり，以前のように「自分だけができない」と言って，途中で練習を止めることがなくなりました。
- それぞれの場所で練習してきた友達が一堂に集まり成果発表する場面でも，進んで「発表したい」と言って，その日一番跳ぶことができた回数を伝えながら，堂々と発表することができました（これまでの最高回数は11回です）。

≫ 学校や家庭での変容

- 友達の回数と比較して，縄跳びの練習に消極的になっていましたが，再度楽しさを取り戻した様子が見られました。
  （例）休憩時間の運動タイムには，真っ先に縄跳びを持って，教室を飛び出して行きます。
- 自信をもって，跳んだ回数を教えてくれるようになりました。
  （例）「今日は〇回だったよ」と笑顔で伝えてくれます。
- うまくできないときに，跳び方を確認するようになりました。
  （例）「『ブルンブルン』（の動作）はこう？」と本人から聞いてくれます。

実践事例 3 　作業学習　リサイクル作業にチャレンジ
～作業工程を覚えよう～

① 主訴

子どもの願い

・一度作業工程を覚えたはずなのに、すぐ忘れてしまう……
・何度も先生に確認しないと不安になるから、なるべく確認を少なくしたい

保護者の願い

・働くことに自信をもって、作業をしてほしい
・作業の日は、ぐったりと疲れて帰ってくることが多いなぁ

教師の願い

・一生懸命だけど、よく確認に来る
・もっと自立的に作業に取り組んでほしい

作業内容をしっかりと覚えて、スムーズに作業をしたい！

② 生徒の実態

13歳1か月　男子

○自分の興味のあること（車など）についての非常に深い知識をもっています。
○読み・書き・計算の大きな遅れはみられません。
○働くことや将来について、とても興味をもっています。
●話すことは大好きですが、自分の意見を十分に伝えることが苦手です。
●得意な作業は、疲れるほどがんばってしまうことが多いです。
●忘れ物やうっかりミスが多いです。
●早くやろうと焦ってしまい、ミスをすることが多いです。

❸ KABC−Ⅱのプロフィール

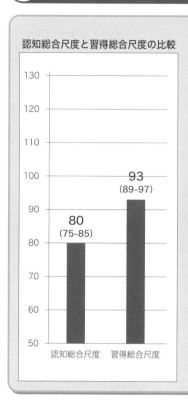

認知総合尺度と習得総合尺度の比較

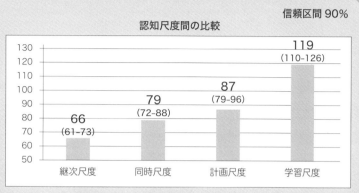

認知尺度間の比較　信頼区間90%

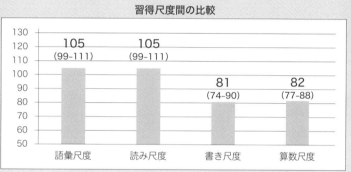

習得尺度間の比較

ここからわかること！

●認知総合尺度は80で，知的水準は「低い～平均の下」に位置する。

→ 認知尺度間に大きなばらつきがあるので参考値として慎重に解釈するとよいでしょう。

●認知尺度は習得尺度より有意に低い。

→ これまでの学習で身につけた知識や技能を十分に生かすとよいでしょう。

●認知尺度の中で，継次尺度は有意に低い。

→ 音だけを手がかりにして順番に情報を処理することが苦手かもしれません。視覚情報を手がかりに，全体を見通せるようにするとよいでしょう。

●認知尺度の中で，学習尺度は有意に高い。

→ 絵と音を一緒に用いること（対連合学習）で，新しい情報を効率的に学習し，覚えたままの状態にすることが比較的得意かもしれません。

●習得総合尺度の中で，語彙尺度と読み尺度は有意に高い。

→ 知っている言葉を生かすとよいでしょう。

④ WISC-Ⅳのプロフィール

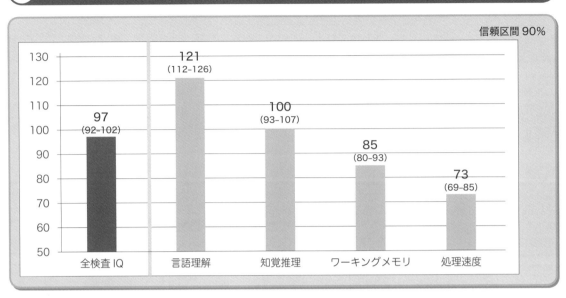

ここからわかること！

● 全検査 IQ は97で，知的水準は「平均」に位置する。

→ 4指標間の比較をさらにていねいに行うことが必要でしょう。

● 言語理解は有意に高い。

→ 知っている言葉を使って推理したり，表現したりすることが得意かもしれません。

● 知覚推理は有意に高い。

→ 視覚-運動の手がかりを与えた場合の学習が得意かもしれません。

● ワーキングメモリは有意に低い。

→ 聞いたことを一時的に覚えておくこと（聴覚的短期記憶）や，言葉だけでのやりとりには配慮が必要かもしれません。伝えたいことは文字で書くなど，記憶補助ツールの活用などが有効でしょう。

● 処理速度は有意に低い。

→ 焦らずにゆっくりと作業に取り組めるように，時間や作業量に配慮することが必要でしょう。

❺ 総合解釈と支援のポイント

≫ 総合解釈

- 知的水準は「平均」に位置しています
- 身につけた知識や技能を十分に生かしていくことが効果的です
- 知っている言葉を使って推理したり，表現したりすることが得意です
- 音声情報を順番に処理することが苦手です
- 聴覚的短期記憶に配慮することが必要です
- 視覚情報を手がかりにして，活動を見通せるような配慮が必要です
- 時間や作業量を調整することが必要です

≫ 支援のポイント

①作業の全体をとらえられるようにする

②知っている言葉と絵で作業内容を示す

③作業内容を言葉に出して確認するように促す

次はパック開き

④言葉だけではなく，視覚的手がかりで次の作業を促す

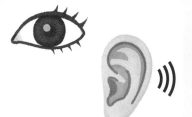

⑤焦らずゆっくり作業できるように環境を整える

6 学習支援

指導計画

指導目標
○作業工程を理解し，自立的に作業する。

指導内容
○特別支援学校中学部の作業学習「リサイクル」の授業で実施。
○1回の指導は90分とし，1か月（8回）行う。

学習評価の方法

○作業内容は1日9種とし，それぞれの作業種の行動得点の合計から学習評価を行う。

得点	行動
5	一人で手順書を見て，一人で作業する。
4	一人で手順書を見て，教師の簡単な確認（うなずきやOKサイン）をしてから作業する。
3	一人で手順書を見て，教師の部分的な声かけの支援を受けて作業する。
2	教師と手順書で確認して，教師の部分的な声かけとジェスチャーの支援を受けて作業する。
1	教師と手順書で確認して，教師の全面的な声かけとガイドの支援を受けて作業する。

学習支援

手順書を手がかりにした作業学習

○1日のすべての作業量と作業手順を確認します。
・その活動の作業工程をすべて提示します。《支援のポイント①
・何をどのくらい行うのかを明示します。《支援のポイント②
・やり終わった作業の片づけ方法を示します。《支援のポイント②

パック開きを1セット行う。終わったら底ちぎりのロッカーへしまう。

全作業を示した手順書　　実際の作業［1セット］　　片づけるロッカーの指示　　実際の片づけ方

○作業内容を声に出して読んで確認して，ゆっくりと作業に取り組みます。
・声に出して読んで確認します。《支援のポイント③
・タイマーを使い，時間内で終わる作業量にゆっくりと取り組みます。《支援のポイント⑤
・終わったら，スケジュールにOKマークを貼って自分で作業状況を確認します。《支援のポイント④

作業内容を読んで確認する様子　　タイマーを使ってゆっくりと作業する様子　　報告後にOKマークを貼る様子

❼ 生徒の変容

❯❯ 学習支援での変容

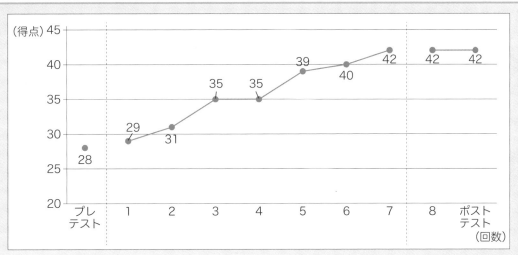

- 一つ一つの作業工程をわかりやすくしたことで，声かけと直接的なガイドを必要とすることはなくなりました。
- はじめは，慣れない作業のときに，教師と一緒に手順書を確認して始めることが多かったですが，回を重ねるごとに一人で確認するようになっていきました。
- 指導の中盤からは，作業工程を覚えたため，教師の簡単な確認（うなずきやOKサイン）で，自信をもって作業に取り組むことができました。
- 指導を終えた後も，手順書を自分から活用して，自立的に作業することができました。
- 道具を用いる「紙すき」や「ミキサーがけ」などの作業では，確認を求めるところが見られるので，継続して自信がもてるように支援していきたいです。

❯❯ 学校や家庭での変容

- 学校では，高等部の作業学習について興味をもち始め，担任に質問する様子が多く見られるようになりました。
- いろいろな場面で自信をもって活動する様子が見られるようになってきました。
- 自分の将来の職業について，自分なりの意見をもって話すようになってきました。
- 「〜しますか？」と学級の仕事を積極的に行おうとする様子が見られた。
- 家庭では，帰ってきて，疲れてぐったりしている日が減りました。
- 保護者の行動を真似て，自分の予定をメモして確認する場面が見られました。

実践事例 4 [日常生活] 金銭管理の指導

① 主訴

子どもの願い

・自分でお小遣いを管理できるようになりたい
・お金を貯めて好きな物を買いたい

保護者の願い

・自信をもって買い物をしてほしい
・将来はお給料も自分で管理してほしい

教師の願い

・自分でお小遣いを管理させることが不安……
・今は保護者にお小遣いの管理をお願いしているけれど……

お小遣いを自分で管理して、買い物ができるようになりたい！

② 生徒の実態

15歳10か月　女子

○軽作業（箱折り，シール貼りなど）が得意です。
○単純作業には集中力を切らさず取り組むことができます。
○少女漫画・雑誌を読むことや男性アイドルグループが好きです。
○明るい性格で，教師や友達とのコミュニケーションを楽しむことができます。
○体験をすると自信をもって取り組むことができます。
●作業の出来高をメモしていますが，集計を暗算するのは苦手です。
●経験したことのない活動に対して強い不安を抱くことが多いです。

❸ KABC-Ⅱ (CHCモデル) のプロフィール

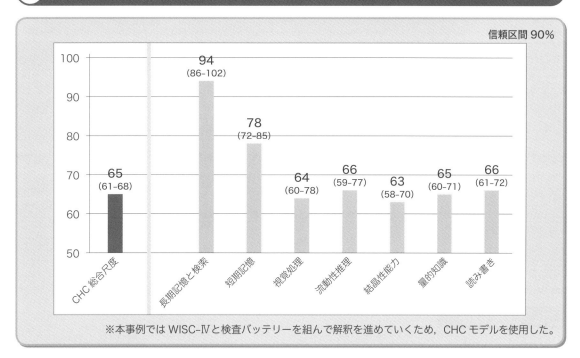

※本事例では WISC-Ⅳ と検査バッテリーを組んで解釈を進めていくため，CHC モデルを使用した。

ここからわかること！

● CHC 総合尺度は65で，知的水準は「非常に低い」に位置する。

→ これまでの生活で経験してきたことを十分に生かすとよいでしょう。

● 長期記憶と検索は有意に高い。

→ 学習した情報を記憶し，効率的に検索する能力が強いかもしれません。また，ある物の絵を見て，その物の名前を一緒に覚えること（対連合学習）が得意でしょう。

● 結晶性能力は有意に低い。

→ 身につけた知識の量が少なく，その知識を効果的に応用する能力が弱いかもしれません。

● 短期記憶は有意に高い。

→ 情報を取り込んで，それを一時的に覚えている状態のまま，数秒のうちに使う能力が強いかもしれません。

● 視覚処理，流動性推理，結晶性能力，量的知識，読み書きの間に有意差はない。

→ 長期記憶と検索および短期記憶の強さを生かすことができる指導方法が有効でしょう。

④ WISC－Ⅳのプロフィール

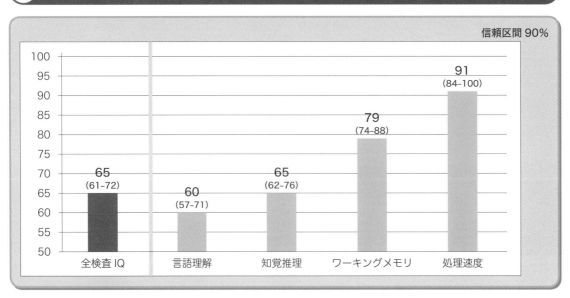

ここからわかること！

● 全検査IQは65で，知的水準は「非常に低い〜低い」に位置する。

　→ これまでの生活で経験してきたことを十分に生かすとよいでしょう。

● 処理速度は有意に高い。

　→ 比較的単純な課題を素早く解いていくことが得意かもしれません。また，目標や手順はあまり変更しないほうがよいでしょう。

● ワーキングメモリは比較的高い。

　→ 複数の情報を一時的に覚えたままの状態で，その情報を扱うことが得意かもしれません。

● 言語理解は比較的低い。

　→ 本人が知っているわかりやすい言葉で，簡潔に話をすると理解しやすいでしょう。

● 言語理解と知覚推理に有意な差はない。

　→ 視覚情報と音声情報の両方を活用した指導が有効でしょう。

第4章 ● フォーマルなアセスメントを活用した子ども理解

❺ 総合解釈と支援のポイント

≫ 総合解釈

- 知的水準は「非常に低い～低い」に位置しています
- 長期記憶と検索が強いため，振り返りを設けることが有効です
- 身につけた知識や言葉を活用して問題を解いていくことが苦手です
- シンプルでわかりやすい手つづきの指導が有効です
- 計算をするときは電卓の使用が有効です
- 方法や進め方を提示して，それを使うことが有効だと気づかせることが必要です
- 視覚情報と音声情報の両方を活用した指導が有効です

≫ 支援のポイント

①学習のねらいと内容をシンプルにする

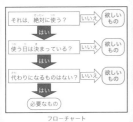

フローチャート

②振り返りの場面を設ける

③視覚情報と音声情報の両方を活用する

④電卓の活用など認知的な弱さに配慮する

⑤具体的な方法や進め方を提示して使うよう促す

ボード

⑥ 学習支援

≫ 指導計画

指導目標
○自分のお小遣いで買い物をする際に「必要な物」なのか「欲しい物」なのかを判断する。
○買い物をした後に，残金の計算する。

指導内容
○月はじめの昼休み（15分程度）：お小遣いをもらったタイミングで，残金の確認をする。
○買い物をした後の昼休み（15分程度）：買った物が「必要な物」なのか「欲しい物」なのか確認して残金を計算する。
○月末の昼休み（15分程度）：1か月の振り返りを行う。

≫ 学習評価の方法

○指導中の様子観察
○本人または保護者からの聞き取り

≫ 学習支援

① 「必要な物」と「欲しい物」の判断

- フローチャートを用いて「必要な物」と「欲しい物」の判断を促します。≪支援のポイント⑤
- フローチャートはシンプルでわかりやすい手つづきにします。≪支援のポイント①
- 教師との言葉でのやり取りを通して，ボード上で「必要な物」と「欲しい物」を付箋で整理して見通しをもてるようにします。≪支援のポイント③，⑤

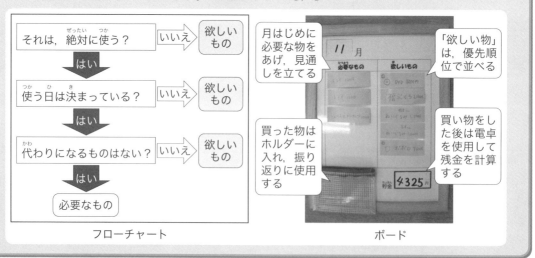

② 残金の計算

- 月はじめ（またはお小遣いをもらった日）に，残金にお小遣い分の金額を追加します。
- 「必要な物」と「欲しい物」の付箋にはおおよその値段を書いておきます。
- 買い物をした後は，該当する付箋に実際の金額を記入してホルダーへ入れ，残金を計算します。
- 計算がむずかしいときは電卓を使用できるように準備します。≪支援のポイント④

❼ 生徒の変容

≫ 学習支援での変容

① 「必要な物」と「欲しい物」の判断　での変容

指導中の様子観察
・学校の月間予定表を見て、学習に「必要な物」をあげておおよその金額を記入することができました。
・校外活動で買い物をしたときに母親へのプレゼントを「欲しい物」と判断できました。

本人または保護者からの聞き取り
・本人
　「家族で買い物に行ったときに店頭でメモ帳を見つけて買おうか迷ったけれど、メモ帳の予備を持っていたから『欲しい物』だと考えて我慢することができた」
　「昔は好き放題買って失敗もしたけれど、いまは考えて買うようにしている」
　「買うかどうか迷ったときに、フローチャートやボードを思い出す」
・保護者
　「金銭管理の勉強（本指導）を始めてから、商品をよく見て考えて買うようになってきた」
　「欲しい物があっても、我慢できるようになってきた」

　→ フローチャートも定着し、「必要な物」と「欲しい物」の判断ができるようになってきました。

② 残金の計算　での変容

指導中の様子観察
・月はじめやお小遣いをもらった日に、残金にお小遣い分の金額を追加できるようになりました。
・残金と「欲しい物」の金額を見比べて、「あと○○円くらいか」と発言していました。

　→ ボードと電卓を使用して買い物後の残金の計算ができるようになってきました。

≫ 学校や家庭での変容

・自分でお小遣いを管理することに不安を抱えていましたが、その不安が軽減されました。
　（例）保護者にお小遣いの管理をお願いしていましたが、自分で管理するようになりました。
・残金を意識して買い物ができるようになってきました。
　（例）一番欲しいDVD（5,000円程度）を目標にメモ帳を我慢しました。
・自分のお小遣いで買い物をすることが楽しいことだと感じるようになってきました。
　（例）「欲しい物」のリストが増えて、買い物に意欲的になりました。

コラム 3

検査ってやったほうがいいの?

サクライ先生「マツモト先生，今度太郎くんがWISC-Ⅳの検査を受けるって聞きました」
マツモト先生「はい，大学のオオノ先生のところに行って受けるんですよ」
サクライ先生「検査をやって，何か意味があるのですか?」
マツモト先生「?」
サクライ先生「太郎くんが苦手な部分は，普段見ていればわかるじゃないですか」
マツモト先生「心理検査や発達検査のようなフォーマルな検査は，私たち指導者にとって，とても重要な情報をくれるのですよ」

　マツモト先生の言う"重要な情報"とは，どんなものでしょうか?

　WISC，K-ABC，田中ビネー知能検査などの心理検査や，新版K式発達検査やＫＩＤＳ乳幼児発達スケールなどの発達検査は，その妥当性や信頼性が保障されているフォーマルな検査です。子どもの発達の状態や特性などをみることができます。

　これら検査の結果は，数値だけでは読み取れない，「検査に対する態度」「取り組み方の特徴」「検査者に対する協力」などの様子から，学習上で必要な力の状態像を見ることもできます。
　この様子から，
　・どんな学習環境で学べるか?
　・どんな働きかけであれば，指示を理解することができるか?
　・つまずいている課題は何か?
など，園や学校でのかかわりのヒントを得ることもできるのです。

　さらに，日常的にかかわっている支援者のインフォーマルなアセスメント(子どもの得意なことや苦手なことなど)を裏づけることにもつながります。
　「そうか，だから〇〇くんは，あの課題には取り組めなかったのか!」
　「そうか，〇〇ちゃんは，あのときやろうとしなかったんじゃなくて理解できなかったのか!」
と，普段の子どもの様子の"意味"を知ることにつながるのです。

　フォーマルな心理検査や発達検査で得た情報を分析する作業は，見えない子どもたちの実態について"謎解き"をする作業。謎解き作業をすることで，私たちの子どもたちを見る目は，より研ぎ澄まされていくと考えます。

第5章

日常の困り感から見えてくる子ども理解のポイント

解説

Q&A 1　小学部　自立活動

Q&A 2　小学部　日常生活

Q&A 3　小学部　日常生活

Q&A 4　小学部　日常生活

Q&A 5　中学部　日常生活

Q&A 6　中学部　地域活動

Q&A 7　中学部　コミュニケーション・対人関係

Q&A 8　中学部　自立活動

Q&A 9　高等部　日常生活

Q&A 10　高等部　個別指導

Q&A 11　高等部　進路・作業

Q&A 12　高等部　進路・作業

解説 困った行動の背景に目を向けよう

❶「困る」は「できる」のはじまり

　子どもの日々の成長の中で，保護者や教師も，さまざまな課題に直面します。特に知的発達の遅れや，強いこだわりは，非常に大きな課題となることも少なくありません。

　そして，そうした課題によって，時に指導・支援や療育が困難になるととらえがちです。しかし見方を変えると，そうした状況は，乗り越えるべき課題を明らかにするためのファーストステップであると考えることができます。「困る」ということは，何かが「できる」ようになるための支援のスタートになるということです。

　また，そうした状況にある子どもが，よく「困った子」と表現されます。しかし，それは保護者や教師から見たとらえ方であり，子どもの立場からとらえると「困っている子」と表現することができます。

　子どもが学習や生活の中で課題に直面している場合には，「困った子」という視点だけではなく，「困っている子」の視点に立って考えることで，解決の糸口が見つかることがあります。

❷困り感を共有して，多面的なアプローチを考える

　子どもが何かに困ったり，その困っていることがなかなか改善しないときに，保護者や教師の多くは，どうしたらよいかと一人で悩んだり，抱え込んだりしてしまうことがあるでしょう。そうすると，焦ったり視野が狭くなったりして，本来解決すべき課題が見えづらくなったり，複雑になったりしてしまうこともあります。

　こうした状況を避けるためには，日常的に同僚や家族など，複数の支援者と子どもの情報を共有したり，いろいろな情報ツールから新しい支援のヒントやアイデアを得られるような工夫をしたりしてみましょう。そうすることによって，悩むことが減るだけでなく，子どもの困り感をいろいろな角度からとらえることができ，多面的なアプローチが可能になると思います。

❸ 子どもの置かれている状況をよくとらえて

　子どもが学習や生活の中で困っていることがある場合には，多くの支援者は，その行動に直接的にアプローチすることが多いのではないでしょうか。しかし，特別支援教育においては必ずしも効果的なアプローチになるとは限りません。

　たとえば，「自分の腕を噛む」などの行動が，知的発達に遅れのある子どもにみられることがあります。その場合，「噛まないよ」とただ伝えても，行動が変わらないことは明白です。その行動のきっかけとなる要因や状況を把握して，そこにアプローチすることが大切です。たとえば，噛むという行動の背景が「上手く自分の思いを伝えられない」という状況であった場合，絵カードなどの適切なコミュニケーション手段を提供することによって，自分の思いを伝えるという望ましい行動を子どもに促すことが可能になります。すると，困った行動は減り，子どもにとっても支援者にとっても，ストレスが少ない生活へと改善していきます。

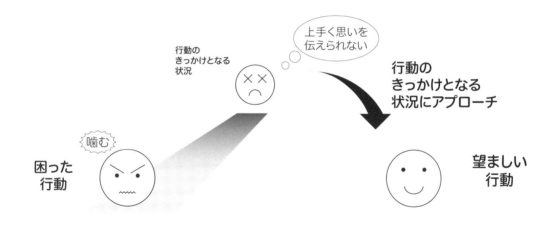

❹ 上手くいかないときは，早めの修正を

　その子どもに必要な支援は，子どもの実態に応じて一人一人違います。そのため，支援者が想定した支援が，その子どもに一度でピッタリと合うということはそれほど多くはありません。また，効果的ではない支援を継続してしまうことで，かえって子どもの問題が複雑化したり，深刻化したりしてしまうケースも多く見られます。

　こうした状況を未然に防ぐためには，現在行っている支援が効果的かどうかを早い段階から定期的に評価をすることが必要です。そして，この支援の評価は，支援を行う当事者だけではなく，一緒にかかわる他の支援者や外部の専門家と連携して行うことで，さらに幅広い視点で支援の修正を図ることが可能になります。

Q&A 1 [自立活動] どうやったら学校のトイレに行けるのでしょうか？

≫ 児童の実態

アイコさんは小学部1年生の知的障害のある女子です。女の子のヒーローキャラクターや，遊具での遊びが好きです。幼稚園までは，おむつをはいてから，おしっこをしていたようです。4月から小学校に入学し，小学生になったことに大きな満足感を得ています。女の子の先輩とも仲良くなりました。しかし，幼稚園のときのようにおむつでおしっこをしています。学校のトイレでは，絶対にしたくないと拒否をします。どのようにしてトイレ指導を進めていくとよいでしょうか？　なお家庭では，保護者と一緒にトイレでおしっこをしているようです。また，家族との外出先では，拒否することもありますが，お店のトイレなどでできるときも増えてきたようです。

ここからわかること！

幼稚園までは，おむつでおしっこをしていた。	→	急な環境の変化を避けて，長い目で計画的に，かつ段階的に支援を考える。
学校のトイレでは，絶対にしたくないと拒否をする。	→	本人が拒否することに対して，直接アプローチすることを避ける。
家庭では，保護者と一緒にトイレでおしっこをしている。	→	成功している方法や場所・頻度を調べ，指導の中に可能な限り取り入れる。
外出先では，お店のトイレなどでできるときも増えてきた。	→	成功体験を積むことで達成感を感じたり，自信をもったりできる状況をつくる。
憧れの同性の先輩がいる。	→	身近にいるすてきな先輩をお手本にすることができる。
女の子のヒーローキャラクターや遊具遊びが好き。	→	ごほうびとして活用することができる。

支援のアイデア

1 焦らずゆっくりと！ 計画的に！

- ゆっくり，スモールステップで取り組みましょう。
- できるところから計画的に取り組みましょう。
- 上手くいかないときは，みんなで考えて修正するようにしましょう。

2 信頼関係を築いてからスタート！

- 「この先生なら大丈夫！」と思ってもらえるように，日常的なやりとりを大事にしていきましょう。
- 信頼が生まれて，初めて子どもたちは教師と一緒にがんばれると思います。

3 家庭と共通した支援を！

- 保護者が行っているトイレでの言葉かけなど，子どもが安心して受けられる支援を教師からも提供しましょう。
- どの場面でも，だれが行っても成功できる支援を考えていきましょう。

4 楽しくチャレンジできる状況づくりを！

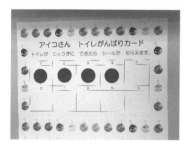

- 学校のトイレに行くべき理由がわかり，自分から積極的に取り組むことのできる状況をつくることが大切です。
- 楽しみにしている遊具遊びを思いっきり行うために，事前にトイレに行く状況をつくったり，上手にできたらヒーローキャラクターのシールを与えたりしましょう。

5 自分なりにがんばれる目標の設定を！

- ただがんばらせるのではなく，身近な先輩をモデルにすることで，「自分も先輩のようになりたい」と自分なりの目標をもちやすくなるのではないでしょうか。
- できる目標からスタートしましょう。

Q&A 2 日常生活
学校で落ち着くにはどうしたらよいでしょうか?

▶ 児童の実態

カケルさんは，小学部3年生の自閉症のある男子です。毎日学校に来ることはできており，さまざまな教師とかかわっています。しかし，「お母さん」と言ったり，デイサービスの名前を言ったりと，途中で泣いたりパニックを起こしたりすることがよくあります。1日のスケジュールをカードで示したり学習内容もわかりやすいように伝えたりしているつもりなのですが……。泣いてしまったときには，落ち着くために自分なりの安心グッズを持っているので，静かな部屋や遊具のある部屋に移動して対応しているのが現状です。家やデイサービスでも同様のことがあるようです。家では休日にも制服を着たり給食を食べたがったりすることもあるようです。

ここからわかること!

毎日登校することはできている。		「学校に行く」という見通しをもっていることを活用する。
自分なりの安心グッズをもって過ごしている。		本人が安心したり見通しをもったりできる環境や状況をつくる。
1日のスケジュールを見て活動をしている。		本人にとってスケジュールはとても大切であり，活用することが可能である。
学校でさまざまな教師とかかわりをもつことができる。		特定の教師が支援するのではなく，全体として支援していくことが必要。
「お母さん」やデイサービスの名前をよく言う。		話す言葉の内容から，どこに不安感があるのかを探っていく。
家で休日でも制服を着たり給食を食べたがったりする。		登校日と休日の区別や，曜日の見通しがもつことができていない可能性がある。

≫ 支援のアイデア

1 教師間で指導の統一を！

- ▶教師により対応がまちまちだと，子どもは余計に不安になったり困ったりしてしまいます。連携をとり，統一性のある指導をしましょう。
- ▶かかわる教師のネームプレートの裏に，簡易スケジュールを携帯するなど，常に活動を確認できるようにしましょう。

2 本人に見通しのもてる環境を！

- ▶スケジュールはどこかに掲示するだけがすべてではありません。本人が携帯したり，教師のネームプレートの裏に入れたりしてみましょう。
- ▶それによって教師が共通した対応ができ，子どもの安定にもつながることも考えられます。

3 登校日と休日の見通しを！

- ▶学校があるかないかを視覚的に提示しましょう。土曜日や日曜日という曜日感覚がもてない子どもでも，登校日と休日の区別がつくかもしれません。
- ▶うまくいったら家庭でも使えるかもしれません。

4 家庭との連携を！

- ▶家庭での様子も保護者からよく聞いてみましょう。家庭で困っていることが学校での支援につながるかもしれません。
- ▶そして保護者の困り間を共有しましょう。子どもに成長してほしいのはだれでも一緒です。

5 ダメだったら変える勇気を！

- ▶当然，指導支援はさまざまです。こうしてみよう！ とチャレンジしてダメなこともあります。そんなときには変えてみましょう。
- ▶1回ダメだったからといって落ち込まずに，次に何ができるのか考え，またダメだったら変えればいいのです。

Q&A 3 [日常生活] 環境の変化に対応するためにはどうしたらよいでしょうか？

▶児童の実態

　ケイスケさんは，小学部4年生の自閉症のある男子です。新学期から教室環境や学習グループ，指導する教師が変わるので，昨年度の反省を生かしたいと考えています。ケイスケさんは，普段から時間割やかかわる人が変わることに対して，とても不安を抱えてしまうため，本人には事前に情報を伝えたり，気持ちを落ち着けるよう別の場所で休んでもらったり，対応しています。日常生活では，さまざまな教師とかかわりはもてますが，話す内容が伝わらないことが多いです。文字情報でスケジュールを確認したり，イラストを見て活動の手順を追ったりすることができています。しかし学校では，さまざまなことが変更となるため，このままでは，本人の大きな不安が予想されます。どのように伝えればよいでしょうか？

ここからわかること！

知りたい情報が手に入らないと不安な気持ちでいることが多い。	本人にとって必要な情報を精選して新学期の見通しがもてるよう「4ねんせいブック」を作成し，見通しをもたせる。
さまざまな教師に話しかけるが，内容が支離滅裂なため，伝わらないことが多い。	複数の教師と情報を共有しながら支援方法を考えていくことで，よりよい成果につなげる。
視覚的に情報を伝えることで，内容を理解することができる。	文字情報やイラストなどを用いた視覚的支援を効果的に用いる。
不安なときは一人になり，休憩スペースで過ごしている。	本人が安心して過ごせる居場所を確保する。

第5章 ● 日常の困り感から見えてくる子ども理解のポイント

≫ 支援のアイデア

1 どんな情報をどのくらい伝えるか考えよう！

▶「4ねんせいブック」を作るにあたり，「だれと勉強をするのか」「どこで活動をするのか」など，本人の安心につながる情報をどの程度伝えるのかをあらかじめ考えておきましょう。

2 本人にいつどのように伝えるかを決めよう！

▶「4ねんせいブック」に書いた情報を本人にいつ伝えるのか，そのタイミングを計る必要があります。早いほうがよいのか，直前がよいのか，本人の実態に応じて情報を提示しましょう。

3 長期休業中を利用して本人の受け入れる準備期間を！

▶ 長期休業中は楽しいことも多く，気持ちに余裕が生まれます。頭が一度リセットされることで，大幅な変更も受け入れられるかもしれません。
▶ 長期休業中に情報を計画的伝えるようにして徐々に慣れてもらいましょう。

4 教師間や保護者と情報共有を図りながらチームでの対応を！

▶ 学級担任だけでなく，複数の教師や家庭と相談をしながら子どもの支援を考えましょう。担任だけでは知りえない情報などにも気づくことができます。
▶ 学校と保護者が連携をすることにより，より教育効果をあげることができるはずです。

5 本人が安心できる場所を保障しよう！

▶ 進級して教室環境やクラスメイトが変わっても，変わらない居場所を確保しましょう。
▶ そうすることで，不安になったときでも「休める」という選択肢が用意されていれば，落ち着いて過ごすことができるかもしれません。

Q&A 4 [日常生活] 自分から取り組むにはどうしたらよいでしょうか？

▶▶ 児童の実態

ツトムさんは、小学部6年生の自閉症のある男子です。遊具遊びや追いかけっこなどが好きです。朝、登校した後、制服から私服に着替えをするのですが、更衣室に入っても、服が入っている袋から服を出して着替えようとする様子は見られず、そのまま立っていたり、遊んでいたりします。「ズボンを脱いで」と言葉かけをしたり脱ぐ様子を見せたりすると、着替えようとはしますが、教師がその場を離れるとやめてしまい、朝の着替えにとても時間がかかっています。学校生活においては、大きな音や鳥の鳴き声、ピアノの音などを嫌がります。歯磨きや休憩時間の終わりなどはタイマーを使用しており、次に別の行動を行うことを理解しています。授業では写真や絵、教師の手本などを見て、活動することが多いです。自分から着替えに取り組むためには、どう支援をすればよいでしょうか？

ここからわかること！

特定の音を嫌がり、気持ちが不安定になる。		子どもが嫌がったり気になったりする音に配慮した環境をつくる。
写真などを見た方が、活動内容を理解しやすい。		写真や絵などを用いて、見てわかるように提示する。
着替える順番を迷っているのか、教師の指示を待ってから着替えている。		どの順番で着替えるのか、わかりやすいように示すことが必要。
タイマーが鳴ったら、次の活動を行うことは理解している。		タイマーを活用して、時間を意識できるようにする。
教師の様子を見て、同じように取り組もうとしている。		教師と一緒にくり返し取り組み、本人に自信をもってもらうことが大切。
遊具で遊んだり、追いかけっこしたりすることが好き。		ごほうびとして活用することができる。

支援のアイデア

1 周りの環境を整えよう！

▶ 教師や友達の声をはじめ，さまざまな音が聞こえる状況では，音に敏感な子どもは，音が気になって集中できないかもしれません。静かな部屋で着替えてみることから始めてみましょう。

2 何をするのか視覚的にわかりやすく！

▶ 靴を脱ぐ，ズボンを脱ぐなど，どの順番で着替えるのか，写真などを用いてわかりやすくするとよいでしょう。

▶ 脱いだ靴を入れるケースを用意するなど，物を置く位置もはっきりわかるようにしましょう。

3 タイマーを使って時間を意識！

▶ どのくらいの時間で着替えてほしいのかを伝えるために，タイマーを使ってみるのもよいでしょう。

▶ 子どもも，「あとこれくらいだから，急いで着替えないと！」というように，時間を意識しながらできるかもしれません。

4 教師と一緒に取り組んでみよう！

▶ わかりやすく提示はしても，まずは教師と一緒に何度も取り組むとよいでしょう。「こうやればいいんだ！　わかったぞ！」と自信をもつことで，一人でも取り組むことができるかもしれません。

▶ できるようになったら，少しずつ支援を減らしていきましょう。

5 終わった後は楽しい活動を！

▶ 着替えが終わった後に，子どもが喜ぶ活動を用意してみてみましょう。そうすることで，「着替えが終わったら，○○できるぞ！　がんばろう！」と思い，着替えができるかもしれません。

Q&A 5 日常生活 身だしなみを教えたいのですが……

≫ 生徒の実態

　スミレさんは，中学部1年生の知的障害のある女子です。休み時間に教師と雑談することが好きです。入浴や歯磨きなどの衛生習慣はしっかりしているのですが，身だしなみに無頓着な様子がありました。染みがついた服やボタンの取れかかったシャツを着てきたり，背中からシャツが出ていても全く気づかないでいたりします。爪が伸びすぎていることもありますし，髪の毛に寝癖がついていても気にならないようです。年齢的には，身だしなみが大切になります。どうやって教えたらよいでしょうか？

ここからわかること！

衛生習慣は確立しているが，年齢相応の身だしなみ意識は育っていない。		家の外での生活を考えると，人に与える印象として身だしなみは重要。自己肯定感も高めたい。
身だしなみを整えることに関する経験不足の可能性がある。		身だしなみを整えるよう言葉かけするだけではなく，具体的な整え方を教える準備が必要。
学部には話の合う女子がおらず，身だしなみに関することに接する機会がない。		服装について目に触れる機会や話題にする機会をつくることで，身だしなみに対する意識を高める。
話好きで，さまざまな教師といろいろな話をして楽しむことができる。		身だしなみについて学ぶ機会として利用する。

支援のアイデア

1 まずは鏡を見る習慣を身につけることから！

- 身だしなみを自分で整えるようになるためには，自分の姿を鏡で見ることが必要です。そこで，着替えの後に鏡を見て，自分の身なりをチェックする習慣をつけてもらうことを目標にしましょう。
- タイミングよく言葉かけするのと並行して，授業でも身だしなみに関する学習を行いましょう。

2 うまくできないところは練習をしっかりと！

- 寝癖を直すのは，服装を直すのと違って，その場ですぐできるものではありません。
- くし付きのドライヤーで髪型を整える練習を学校で行いました。やり方がわかって自信も湧いたのか，家で寝癖を直してから登校するようになりました。

3 身だしなみに興味をもってもらうはたらきかけを！

- 休み時間を使って，友達と一緒に雑誌を見ながら服装について談議をすることで，意識を高めました。
- 自分に似合う髪型や服装を一緒に探したりしているうちに，「私はこういう服を着たい」と言うようになり，私服登校の日（毎週金曜日）には好きな服を着て整った身だしなみでしてくるようになりました。

4 実際に私服を着てみる機会の設定を！

- 私服登校日の服装が整ってきたところで，自分で髪型を整えることができるよう練習しました。
- 周囲の先生からほめられたことも嬉しかったようです。長い時間鏡に向かって，ニコニコしながら自分の髪型を見ている姿が見られました。
- また，最近の私服登校日では，自分で選んだヘアゴムをつけて登校するようになりました。

Q&A 6 地域活動 バスを利用した通学を希望していますが……

≫ 生徒の実態

　リュウさんは，中学部1年生の高機能自閉症のある男子です。学校生活では，時間割や教室への移動などのスケジュールを確認し，時計を見ながら自立的に活動ができます。毎日の係活動や慣れている作業では，自信をもって最後までがんばります。口頭の説明に，映像や写真，イラストが加わると，よく理解できます。しかし，自分なりのルールを作って，周囲の人を困らせることがあります。保護者からは，高等部への進学後は，一人で通学をさせたいという願いがあります。一方で，家族以外の人との外出の経験に乏しく，路線バス乗車では，運賃表示と整理券を対応させて料金を支払う場面で，不慣れな様子も見られています。また，降車するバス停はわかっていても，緊張から降車ボタンを押せなかったり，「バスを待っている間は，何をしていればいいですか？」と教師に質問をしたりすることがありました？

ここからわかること！

ルーティンでの活動や，見通しのある取組みには自信があり意欲的である。	バスの運行ルートや降車までの各停留所を知ることで，安心して乗車ができる。
視覚からの情報を活用することで，スムーズに理解できる。	視覚的な情報の処理に優れているという強みを活用して，教材の工夫をする。
こちらの意図とは異なる認知や理解をしていることがある。	理解の仕方に偏りがあることから，特性に配慮した乗車マナーの指導が必要。
降車するバス停，整理券番号，運賃などの複数の情報を処理するのが苦手。	バスの乗降車の手続き，運賃表示と整理券番号の対応などていねいな指導が必要。
バスや電車など，公共交通機関を利用して外出する経験が少なかった。	バスや電車で移動することの利便性や，外出で得られる楽しさを体験的に学ぶ。

支援のアイデア

1 意欲的に取り組める教材を考えよう！

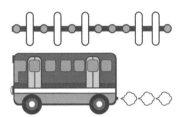

- 学習の中で，リュウさんが路線図や停留所の名称に興味があることがわかりました。そこで，事前にバスの運行系統を調べたり，ルートを動画で示したりしました。また，目的地を「田家入口（たやいりぐち）」など変わった名称の停留所に設定しました。
- その結果，バス乗車に対する不安感が薄れた様子で，落ち着いてバスを利用することができました。

2 本人の強みを活用しよう！

- リュウさんは，口頭の指示に映像やイラストなどの視覚的な情報が加わると理解度が高まるようでした。そこで，地域のバス会社に協力していただき，実際のバスを使って乗降車の一連の手つづきを撮影し，教材として動画を制作しました。
- その後，実際にバスを利用する様子では，手つづきを理解して一人で乗降車ができました。

3 「自分ルール」が通用しない，乗車マナーの根拠を示そう！

- リュウさんは，自分の理解がおよばない場面では，自分なりの考えで，一般的とはいえない行動をとるようでした。そこで，バス会社の方と一緒に6つのマナーを作成し，乗務員の方が直接，生徒に語りかける動画を作成しました。

4 IT機器などの便利さをみんなで享受しよう！

- 交通系ICカードを活用しましょう。そうすることで，整理券が不要になり，電車とバスの乗り換えについても乗務員とのやり取りがなくなりました。
- これにより，運賃の支払いに困っていたリュウさんの課題も，なくなりました。

Q&A 7 コミュニケーション・対人関係
気になる行動にどのように対応すればよいでしょうか？

▶▶ 生徒の実態

　ナオヤさんは，中学部2年生の自閉症のある男子です。チョコレートなどのお菓子が大好きです。ナオヤさんは女性に興味があり，体を触ろうとしてしまったり，周囲の人の声や音に敏感に反応してしまったり，友達に嫌なことや言葉を言われたら大声を出してわめいてしまったりします。このような気になる行動に対して，どのように対応していくとよいのでしょうか？　言葉よりも文字や図で書いて伝えると理解しやすいのですが，どうしても，言語での指示や説明になりがちで，なかなか行動が改善に向かいません。気になる行動が起こってから対応するのではなく，気になる行動が起こる前に，事前に対応策を講ずることはできるでしょうか？

ここからわかること！

特定の女性とかかわりたい気持ちから，女性の体に触れてしまう。		「触る＝かかわる」ことから，「触る」を別の行動に置き換えて考える。
友達から嫌なことや言葉を言われたら，大声を出してわめいてしまう。		どのような条件や状況のときに，気になる行動が起きているのかを把握する。
気になる行動が起こった後に，教師が対応している。		行動の意味を考え，事後ではなく事前に適切な行動をわかりやすく示す。
言葉で言われるよりも，文字や図を使って伝えられると理解しやすい。		視覚的に「なぜそうした方がよいか」「どのような行動がより適切か」など，適切に行動する意味や理由を伝える。
チョコレートなどのお菓子が大好き。		ごほうびとして活用することができる。

第5章●日常の困り感から見えてくる子ども理解のポイント

≫ 支援のアイデア

1 行動の意味を考えてみよう！

- ▶「触る」という行為を，一般的に許容できる適切な「あいさつをする」に置き換えてみましょう。
- ▶女性にあいさつをすることで，ナオヤさんの女性と「かかわりたい」という要求は叶えられると考えられます。

2 わかりやすく伝えよう！ ごほうびを活用しよう！

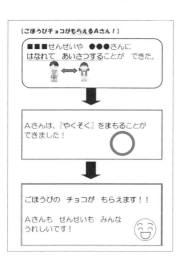

- ▶フローチャートを活用して，適切に行動する意味や理由を視覚的に示してみましょう（文字や図を活用）。
- ▶適切な行動につながった場合は，ごほうびとしてチョコレートを渡すことにしてみましょう。
- ▶「約束を守る」＝「ごほうびのチョコがもらえる」という行動と結果を関連づけて説明できるようにするとより効果的でしょう。
- ▶適切な行動につながるとごほうびがもらえるだけではなく，子どもも周囲の人も嬉しい気持ちになることを伝えられるとよりよいでしょう。

3 事前に適切な行動を伝えよう！

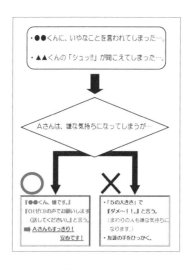

- ▶気になる行動が起こってしまってから対応するのではなく，事前に適切な行動について示してみましょう。
- ▶フローチャートを活用して，視覚的に適切な行動を伝えてみましょう。あわせて，「してほしくない行動」についても示し，適切な行動がより明確になるように工夫しましょう。
- ▶衝動的に大きな声で不快を表していると思われますが，適切な行動がわかりやすく示されているので，リマインダーとしても機能すると思います。

Q&A 8 [自立活動] ぎこちない動きはどう支援すればよいでしょうか？

≫ 生徒の様子

ケイジさんは，中学部3年生の知的障害のある男子です。活発でなく，人の動きを見ていることが多いですが，教師や友達とかかわることは大好きです。中学部に入学してから約10cmも身長が伸びるなど，成長期を迎えています。しかし，身長が伸びるにつれて，足首が内側に曲がった状態になり，体の動きも以前よりぎこちなさが見られるようになりました。そのため，階段を降りたり，重い物を持ったままにしたりすることがむずかしいです。専門的な知識はないのですが，普段の生活の中でどのような活動に配慮をした方がよいでしょうか？　それとも，専門的なトレーニングを受けることを勧めた方がよいでしょうか？

ここからわかること！

ケイジさんは外反扁平足。足首が内側に曲がってきているのは，それを支える筋力がないため。歩けなくなることはないが，悪化する可能性はある。 （自立活動教諭）		医療機関で対処する必要のある状況というわけではない。しかし，筋力の向上を図るトレーニングが必要。
低筋緊張だがそれほどひどくない。それよりも，筋力不足や身体を動かす経験の少なさの影響が大きい。 （自立活動教諭）		自分から体を動かす場面が少ないので，生活の中で体を動かす機会を増やすことを考える。
身体を動かすことに対しての苦手意識が強い。 （担任）		身体を動かすことの必然性を理解し，活動への見通しをもつことが大切。
教師や友達と一緒に活動したり，お手伝いしたりすることが好き。 （担任）		一緒に活動することや役割活動が本人の励みになりそう。

支援のアイデア

1 専門家の助言を受けたアプローチを！

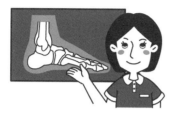

- ▶何でも自分たちだけで解決しようとせず，外部の力を積極的に借りましょう。
- ▶必要に応じて他機関や他職種と連携できることも，教師に必要な力量といえます。

2 活動に見通しをもたせる工夫を！

- ▶「必要だから」「がんばれ」だけでは，苦手な活動には気持ちが向きにくいため，「○回やったら終わり」「○○できたら終わり」と，目標を明確にしましょう。そうすることで見通しがもて，がんばれるようになります。
- ▶ケイジさんのトレーニングでは，足や体を動かす回数をトレイに入っているビー玉やボールの個数として示し，それらを全部移し終えたら終わりという設定にしました。

3 必然性のある活動で，生活に学習機会を組み込もう！

- ▶実生活での活動がどのような動きの練習になるかを検討しましょう。そうすることでさまざまな学習機会が生まれます。
- ▶ケイジさんの場合は，ゴミ捨て係として階下のゴミ捨て場にゴミを捨てに行く，教師のお手伝いとして授業で使う教材を棚に上げ下ろしする活動を取り入れました。

4 本人にとって意義のある状況設定を！

- ▶2や3の内容に関連しますが，「活動をすることで，（本人にとって）嬉しい結果が伴う」状況になるように活動の流れを整えましょう。
- ▶ケイジさんは人とかかわることが好きです。ゴミ捨てや教材の移動は，友達や教師から「ありがとう」と言われる機会になりました。

Q&A 9 日常生活 もらった給料で好きな買い物を

生徒の実態

コウヘイさんは，高等部1年生の自閉症のある男子です。お菓子や鶏の唐揚げが大好きです。中学部までは，お小遣いをもらっていたことはなく，家族がその都度，必要な物を買ってあげていました。家庭では，決められた課題をすると，お菓子をもらえる約束で，簡単な課題をして過ごしていました。4月から高等部に入学しましたが，学校の校外活動を楽しみにしていて，毎週スケジュールを自分で確認したり，作業は決められた課題に集中して取り組んだりしています。また，コミュニケーションカードを使い，食べたい物を買うこともできます。卒業後，仕事をしたら給料（工賃）をもらうことになります。本人にわかりやすい形で，どのようにして，お小遣いを渡し，買い物につなげていけばよいでしょうか？

ここからわかること！

コミュニケーションカードを使い，買いたい物を相手に伝えられる。		買い物の経験を積み上げ，慣れていくと，今後の余暇活動の充実につながる。
学校の地域活動を楽しみにしていて，毎週チェックしている。		買い物を楽しみにしていることを活用する。
作業は，決められた課題に集中して取り組んでいる。		意欲的な作業態度を大切にし，成功体験を積み上げ，給料をもらう喜びにつなげることができる。
お菓子や唐揚げが大好き。		ごほうびとして活用することができる。

第5章 ● 日常の困り感から見えてくる子ども理解のポイント

支援のアイデア

1 作業の出来高を記録しよう！

- ▶ 決められた一連の作業を終えたら，出来高表にシールを貼って記録しましょう。
- ▶ 出来高表を見ることで，作業を終えたこと，がんばったことが本人にわかるようにしましょう。

2 買い物を楽しみに給料を貯める経験を！

- ▶ 給料の代わりにトークンを使用し，トークンを貯めておけるカードを作り，どの作業にも持って行く習慣を身につけましょう。
- ▶ 給料の全額貯金では，労働の対価としての給料が意識できないため，買いたい物があったお店や，買い物に使える金額を決めて，子どもにわかりやすいように設定しましょう。

3 貯まった給料をもらう喜びを！

- ▶ トークンが貯まったら，買い物には何があるのかをわかりやすくするために，トークン入れに「子どもが行きたいお店の写真」を貼ってみましょう。

4 給料を持って買い物に行く経験を！

- ▶ 楽しく買い物できるように，学校や家庭，デイサービスが連携し，買い物の支援方法を統一し，子どもが混乱しないようにしましょう。
- ▶ トークンを現金に換金する学習をしてみましょう。

Q&A 10 　[個別指導]　学校に行くのはむずかしいけれど，いつかは働きたいと思っています

▶▶ 生徒の様子

ツヨシさんは，高等部1年生の自閉症で選択性緘黙のある男子です。人見知りが激しく，自分から他者にかかわることは少なかったですが，幼稚園は毎日通っていました。小学校低学年から，自分の思いを相手に上手く伝えられず，嫌なことでも笑顔をつくってしまうため，さまざまな場面で誤解されたり，注意を受けたりしました。そのことがきっかけで徐々に登校ができなくなりました。中学部から特別支援学校に入学しましたが，家以外の場所へ入るのがむずかしく，学校の入り口までの登校をくり返しています。すべての事が不安で，家族以外の人と会話もできません。高等部になったいま，学校を卒業したら，どこかで働きたいという気持ちや，課題に取り組もうとする意欲はありますが，何から勉強をすればよいでしょうか？

ここからわかること！

家族以外と会話をすることはむずかしい。		本人だけでなく，保護者の方とも関係性を築きながら，支援を考える。
実習や課題に取り組もうとする意欲がある。		家庭で取り組める作業や課題から始めてみる。
		卒業後を見すえて，徐々に，卒業後の進路先（就労先）へ通えるよう計画する。
将来は仕事をしたいという気持ちがある。		必要な機関とつながることで，就労に向けての準備を進められるようにする。
学校の入り口までなら，登校ができる。		いまできることを生かしつつ，卒業後にも取り組める支援内容を考える。
嫌なことでも笑顔をつくってしまうので，相手に誤解されやすい。		本人の本心をとらえつつ，無理のない範囲での活動を提供する。

支援のアイデア

1 信頼関係の構築を！

- ▶ 子どもや保護者の方との日常的なやりとりを大事にしていきましょう。信頼関係を築くことで、方向性や計画を立てていくための一歩を踏み出すことができます。
- ▶ 子どもの意思疎通の手段や、安心できる場所、興味関心などを少しずつ知ることが大切です。

2 取り組めそうなことを見つけよう！

- ▶ できそうなこと、子どもがやってみたい、興味があることに関して情報収集しましょう。
- ▶ 子どもの意思、保護者の意向を確認しながら、ゆっくりと取り組む内容、場所、量を決定していきましょう。

3 家庭・関係機関との連携を！

- ▶ 高等部卒業後の進路選択にあたり、必要な機関と情報共有ができるようにしましょう。
- ▶ これまで福祉サービスの利用経験の有無、学校以外の施設の利用の有無などを確認しましょう。

4 「これができるならこれもやってみよう」は危険！

- ▶ 一つの取組みがある程度できるようになると、「○○ができるなら、△△もやってみよう」という思いが支援する側には芽生えてきますが、子どもはいま行っていることを、精一杯がんばっている状況かもしれません。安易に取り組んだことがきっかけで、いままでできていたことも、取り組むことができなくなる可能性もあります。
- ▶ 子どもの意思を確認しながら、慎重に判断していきましょう。

Q&A 11 　進路・作業
指先が器用に動かせずに困っています

❯❯ 生徒の実態

トモユキさんは，高等部2年生の自閉症のある男子です。幼児期から指先を器用に動かせなかったため，積み木やペグさしなどの知育玩具を使ったトレーニングも取り入れてきましたが，なかなか改善されませんでした。小・中学部では，図画工作や物作りへの興味や関心は高く，楽しそうに取り組むのですが，細かい作業になると，どうしても作業が雑になり，完成度の低い作品になってしまいます。しかし，自分のできる作業には長時間取り組んだりやり直しの指示には応じたりすることができますし，先輩たちの作業する姿にあこがれ，自分も挑戦したがる意欲はあります。高等部では作業学習が中心となり，本人は木工作業班での活動を希望していますが，どんなことができますか？

ここからわかること！

図画工作に興味や関心が高く，手先を動かす活動が好き。		自立活動の要素を取り入れた作業内容を設定する。
自分のできる作業は長時間でも継続できる。		意欲的な作業態度を大切にし，成功体験を積み上げる。
細かい作業は精度が低下するが，やり直しなどの指示に応じられる。		「やりなおし＝失敗，怒られる」という否定的な考えに陥らないよう心がける。
先輩たちの作業内容を自分も挑戦したがる。		挑戦をくり返し，長期的な計画を立て，かつ段階的に支援を考える。
木工作業班で活動がしたい。		作業班の一員として製造工程を担当し，所属感や連帯感を感じさせる。

第5章 ● 日常の困り感から見えてくる子ども理解のポイント

支援のアイデア

1 作業の題材（材料）は安価な半完成品を活用！

▶ オリジナルの題材は，支援者がかわったときに維持・管理がむずかしいので，じっくりくり返し取り組んでいくためにも，市販品を上手に活用しましょう。

※以下では，100円ショップで購入した「ウッドボルト」（3個一組）を活用した実践を紹介します。

2 材料を大量に準備してからスタート！

▶ その日の目標数を全部または部分的に提示したり，少ない目標数を提示しておき徐々に追加したりするなど，実態に応じて作業量を工夫しましょう。
▶ くり返し利用したり，一部は製品として完成させたりしていくことを想定して，事前に大量に準備しておきましょう（今回は，事前に150個準備）。

3 称賛を取り入れた共通した支援を！

▶ 作業中は，作業の様子だけではなく，姿勢や態度，声の大きさなど作業態度も含め，常に作業状況をほめましょう。
▶ 成功体験を積み上げていき，見通しや自信をもつことで「これは自分の仕事だ！」と認識し，他の友達と一緒にがんばれるものです。

4 自分なりにがんばれる題材や目標の設定を！

▶ 作業班での活動では，「製品を作っている」ことを自他ともに認め合える状況をつくりましょう。
▶ 同じ題材でも，担当する作業工程が変われば，全く別の作業内容になるので，さまざまな作業を経験したうえで担当する作業工程を決めましょう。
▶ 「これができたら，次の工程へ！」など，スキルアップ・ステップアップできることも励みになるので，工夫しましょう。

Q&A 12 [進路・作業] 実習先で落ち着いて仕事ができるか心配です

》生徒の実態

ヒサシさんは，高等部2年生の聴覚過敏のある男子です。苦手な人の声を聞くと不安定になり，他害行動があります。他害行動は，授業中，休憩時間を問わず頻繁にあり，事業所での実習を行うことができていませんでした。いまは通院・服薬の成果もあり，2年生の後半になって学校生活もだんだん落ち着いてきました。環境が整い，活動の見通しをもつことで，落ち着き集中して作業に取り組む力もあります。作業実習の経験は少ないですが，手先が器用で，箱折りや箱の組み立てなど，できる作業がたくさんあります。福祉事業所と連携して実習を行うことで，落ち着いて仕事を行い，実習を成功体験で終わらせることができる可能性が出てきました。ですが，まだ不安があります。可能性を高めるためには，どうすればよいでしょうか？

ここからわかること！

実習を成功させるために，生徒の実態を事業所と共有する必要がある。		アセスメント結果を事業所と共有し，生徒を共通理解しながら支援方法を検討する。
聴覚に過敏さがある。		作業グループのメンバーを調整し，静かなメンバーが多いグループで作業を行う。
他害行動がある。		一人で活動する作業スペースを準備するなど環境を整える。
見通しをもつことで落ち着いて活動できる。		学校と事業所が協力して同じスケジュールを設定し，見通しをもてるようにする。
手先が器用で，できる作業や得意な作業がある。		作業内容は，事業所の作業だけでなく，学校で行っている作業や得意な作業を行う。

支援のアイデア

1 フォーマルなアセスメントで実態把握を！

▶ 学校と事業所では、子どもを見るときの観点が違ったり、とらえ方に差があったりする場合があります。「共通言語」ともいえる知能検査の結果を共有し、実態をつかんでみましょう。

2 事業所と協力して、特性に応じた作業環境の設定を！

学校　　　　　　事業所

▶ 作業グループのメンバーや作業環境を見直し、子どもが力を発揮できる環境を考えましょう。
▶ 個別の作業環境を学校と事業所で同じものとするなど、集中して活動に取り組めるようにしましょう。

3 スケジュールを使用し、自立的な活動を！

スケジュール　　ごほうびのチョコ

▶ 事業所で自立的に活動するためにも、学校と事業所のスケジュールを同様の形にしましょう。
▶ スケジュールを守って行動したら、ごほうびがもらえるなど、子どもの意欲を高める支援を考えましょう。

4 事業所と連携して、成功体験で終わる作業内容の設定を！

▶ 作業内容は、事業所で行う作業だけでなく、学校で行っている作業や、子どもが得意な作業も取り入れてみましょう。

5 実習後のミーティングで実習の成果を、授業や次の実習に活用しよう！

▶ 実習終了後にミーティングを行い、子どものできたことや改善する点を学校と事業所で共通理解し、学校の授業や次の実習につなげましょう。
▶ 卒業後の仕事を意識し、実習先でできるようになった作業をできる限り学校の作業学習にも取り入れ、得意な作業を増やしていきましょう。

コラム 4

一緒に悩む仲間をつくる
～検索場所はすぐそばに～

　第5章では，子ども理解に関するいくつかのQ＆Aを紹介しました。これらは実は，北海道教育大学附属特別支援学校（北教大附属）の職員室内でのやりとりなのです。
　「今度，こんなことやってみたいんだけど……」
　「あ，それなら前に同じようなことやったことあるよ。そのときの教材見てみる？」
などのやりとりは，どの学校でも行われます。
　実は，困ったことを解決する先は，「隣の同僚」「隣の先輩」かもしれないのです。
　北教大附属では，定期的に職員間の「実践交流会」があり，だれがどんな実践をしているか，発表し合います。自分の実践を人にわかるように伝えることは，自分の取組みを客観視する機会になり，日常的に指導実践を話すきっかけになると考えます。

　最近は，パソコンに向かうことの多くなった先生方。忙しい毎日なので，困ったことを"ググって（検索して，調べて）"，早急に答えを出す先生も多くなり，職員室にはパソコンのキーを叩く音だけが響いている……そんな日もあります。先生方どうしで子どものことについて語り合う時間がないほどに，多忙感を感じる先生も多くなったと聞きます。

　毎日子どもたちにかかわる先生方は，数多くの実践をもっています。これまでに，同じような悩みを抱え，"やってみたこと""試みたこと"も多いはずなのです。
　職員室にいる先生を全員集めると，かなりの数の実践を集めた実践集ができるほど，職場は大きなデータベースなのです。
　「何かいいアイデアないかな……」
とつぶやくと，いろいろな"検索結果"が飛び出してくるはずなのです。

　まずは，職場内での"検索"をスムーズにするための関係性を大事にすることが，現在自分の困り感，悩みを解決する糸口ではないか？
　そんなふうに思います。

　それぞれの園や学校が，独自のデータベースを大きくしていくことが，子どもたちの成長の早道だと考えます。
　検索場所は，意外とすぐそこにあるのかもしれません。

あとがき

　「よい授業がしたい！」という思いは，教師として辞めるまで続く願望です。年齢や経験とともに，そのときの課題の内容は変わるものの，教師の一番の勝負どころは「授業」です。

　そんな思いを一緒に解決してみたい……という思いから始まった，現職教員のための臨床研修会で行った授業改善の研修から，子どもの実態把握や授業改善のチェックポイントなどを一冊にまとめました。また，本校の教育実践から，日常の子どもたちの様子を実態把握（アセスメント）する取組みなども一緒にまとめました。

　授業の中でより効果的な活動を設定するためには，子どもの実態把握が不可欠です。フォーマルなアセスメントはもちろんのこと，子どもの興味関心，行動の特徴などを含めた日常の見取りも重要です。子どもにとって「楽しく，もっとやりたい」という授業の背景には，子どもたちのことをもっとよく知ろうとする教師の姿があります。この本に，そんな本校の教職員の日々の営みを「授業づくり」という視点で整理できたと思っています。

　授業改善のための研修を行ったことで，私たちは，授業改善について学んだだけではなく，そこで成長する子どもに気づく目も養うことができました。また，授業づくりを通して協力する教師間の連携の重要性にも気づきました。

　特別支援教育では，チームで協力することが不可欠です。自分の思い込みの中での授業ではなく，チーム全体で子どもが成長したことを喜び合える授業にするために，この一冊が各学校，各先生方のテキストになってくれれば，と思っています。

　これからも，「よい授業をつくりたい！」という我々の授業づくりへのこだわりは続きます。この本を手にしてくださった方々と，いつかまた授業について一緒に学び合う機会があることを願っています。

2019年3月

北海道教育大学附属特別支援学校
校長　　紀藤典夫

執筆者 一覧

編 著 者

青山　眞二　（まえがき，第1章）

執　筆　者

太田千佳子　（コラム）

白府　士孝　（第2・3・4・5章解説，第2章実践事例4，第3章実践事例11，第4章実践事例1・3，第5章 Q&A1）

宮下　知子　（第4章実践事例2）

西村　祐紀　（第2章実践事例2，第3章実践事例2，第5章 Q&A2）

中村耕太郎　（第3章実践事例3，第5章 Q&A3）

岡山　努　（第3章実践事例10，第5章 Q&A7）

郡川　孝行　（第5章 Q&A5，第5章 Q&A8）

齊藤　留美　（第3章実践事例9）

山口　詠子　（第2章実践事例7）

清水　拓海　（第2章実践事例9）

山下　小幸　（第3章実践事例1）

鈴木　美乃　（第3章実践事例5）

江﨑　拓郎　（第2章実践事例1）

松倉　泰介　（第4・5章イラスト担当，第5章 Q&A6）

小田桐香織　（第3章実践事例6）

山田　俊寿　（第2章実践事例6）

加藤　順也　（第4章実践事例4）

古城　瞳　（第2章実践事例5）

横堀礼緒奈　（第3章実践事例14，第5章 Q&A9）

三笠加奈子　（第2章実践事例8）

土屋　和彦　　（第5章 Q&A12）

中村　洋子　　（第3章実践事例13）

髙石　　純　　（第3章実践事例7）

長谷川ひかる　（第3章実践事例13，第5章 Q&A10）

藤村　　敦※　（第3章実践事例8）

越橋　規芳※　（第5章 Q&A11）

堀濱　孝文※　（第3章実践事例4，第5章 Q&A4）

悟樓あやの※　（第2章実践事例3）

北海道教育大学附属特別支援学校長　　　紀藤　典夫（あとがき）

編 集 協 力 者

鈴木美喜子　笠井純　中條由紀子　林田子竜　酒井詩織　小石優子　塩村文子
小栗祐美※　平田新次郎※　梅﨑誠※　鳴海さちみ※　加藤琢也※　横田雅美※　伊東実※
宮下朋子※　秋場いづみ※　辻剛一※　吉野隆宏※　五十嵐雅彦※　厚谷摩紀※　和田悟※
山名田薫※　永長明之※　江﨑浩美※　丸山美晴※　和倉歩※　根山智美※　金丸紀子※
遠藤琴絵※　加賀ちなみ※　黒田史子※

（※　旧職員）

アドバイザー

北海道教育大学函館校　　　　　五十嵐靖夫　北村博幸　細谷一博
北海道教育大学教職大学院　　　小野寺基史

編者紹介

青山　眞二（あおやま　しんじ）　北海道教育大学札幌校教授

1955年北海道生まれ。筑波大学大学院修士課程教育研究科修了。
札幌市立の特別支援学校や特別支援学級教諭を経て，現在に至る。
著書:『発達障害児へのピンポイント指導～行動を解釈し，個に応じた指導を編み出す』（編著，明治図書），『デキる「特別支援教育コーディネーター」になるための30レッスン＆ワークショップ事例集』（編著，明治図書），『エッセンシャルズ　KABC-Ⅱによる心理アセスメントの要点』（監修，丸善出版），『日本版KABC-Ⅱによる解釈の進め方と実践事例』（分担執筆，丸善出版）

■ 参考文献

- 三塚好文（1994）「健常児における書字能力と形態認知との関連について：精神遅滞児の書字能力を高めるための基礎的検討」，「特殊教育学研究」31巻4号，pp.37-43
- 水谷素子・飯高京子（1991）「書字の発達過程に関する研究（1）」，「日本特殊教育学会第29回大会発表論文集」pp.296-297
- 河野俊寛（2008）『子どもの書字と発達〜検査と支援のための基礎分析』福村出版

■ チェックリスト（P28）について

本書で紹介した3種類のチェックリスト（学習活動，コミュニケーション，行動問題）は，図書文化社HP（「教育図書内の本書詳細ページ）よりダウンロードしてお使いいただけます。ぜひご活用ください。

アセスメントで授業が変わる

2019年4月15日　初版第1刷発行　［検印省略］
2021年6月10日　初版第2刷発行

編　Ⓒ青山眞二
著　Ⓒ北海道教育大学附属特別支援学校
発行人　福富　泉
発行所　株式会社 図書文化社
　　〒112-0012　東京都文京区大塚1-4-15
　　Tel.03-3943-2511　Fax.03-3943-2519
　　振替　00160-7-67697
　　http://www.toshobunka.co.jp/
組版・印刷・製本　広研印刷株式会社

[JCOPY]〈出版者著作権管理機構 委託出版物〉
本書の無断複写は著作権法上での例外を除き禁じられています。複写される場合は，そのつど事前に，出版者著作権管理機構（電話03-5244-5088，FAX03-5244-5089，e-mail:info@jcopy.or.jp）の許諾を得てください。
乱丁・落丁本の場合はお取り替えいたします。
定価はカバーに表示してあります。

ISBN 978-4-8100-9724-5　C3037

シリーズ 教室で行う特別支援教育

個に応じた支援が必要な子どもたちの成長をたすけ，学校生活を楽しくする方法。
しかも，周りの子どもたちの学校生活も豊かになる方法。
シリーズ「**教室で行う特別支援教育**」は，そんな特別支援教育を提案していきます。

ここがポイント学級担任の特別支援教育

通常学級での特別支援教育では，個別指導と一斉指導の両立が難しい。担任にできる学級経営の工夫と，学校体制の充実について述べる。

河村茂雄 編著　　B5判　本体2,200円

応用行動分析で特別支援教育が変わる

子どもの問題行動を減らすにはどうしたらよいか。一人一人の実態から具体的対応策をみつけるための方程式。学校現場に最適な支援の枠組み。

山本淳一・池田聡子 著　　B5判　本体2,400円

教室でできる 特別支援教育のアイデア 〔小学校編〕〔小学校編 Part 2〕

通常学級の中でできるLD, ADHD, 高機能自閉症などをもつ子どもへの支援。知りたい情報がすぐ手に取れ，イラストで支援の方法が一目で分かる。

月森久江 編集　　B5判　本体各2,400円

教室でできる 特別支援教育のアイデア 〔中学校編〕〔中学校・高等学校編〕

中学校編では，授業でできる指導の工夫を教科別に収録。中学校・高等学校編では，より大人に近づいた生徒のために，就職や進学に役立つ支援を充実させました。

月森久江 編集　　B5判　本体各2,600円

通級指導教室と特別支援教室の指導のアイデア 〔小学校編〕

子どものつまずきに応じた学習指導と自立活動のアイデア。アセスメントと指導がセットだから，子どものどこを見て，何をすればよいか分かりやすい。

月森久江 編著　　B5判　本体2,400円

遊び活用型読み書き支援プログラム

ひらがな，漢字，説明文や物語文の読解まで，読み書きの基礎を網羅。楽しく集団で学習できる45の指導案。100枚以上の教材と学習支援ソフトがダウンロード可能。

小池敏英・雲井未歓 編著　　B5判　本体2,800円

人気の「ビジョントレーニング」関連書

学習や運動に困難を抱える子の個別指導に
学ぶことが大好きになるビジョントレーニング

北出勝也 著

Part 1	B5判	本体2,400円
Part 2	B5判	本体2,400円

クラスみんなで行うためのノウハウと実践例
クラスで楽しくビジョントレーニング

北出勝也 編著　　B5判　本体2,200円

K-ABCによる認知処理様式を生かした指導方略

長所活用型指導で子どもが変わる

藤田和弘 ほか編著

正編	特別支援学級・特別支援学校用	B5判	本体2,500円
Part 2	小学校 個別指導用	B5判	本体2,200円
Part 3	小学校中学年以上・中学校用	B5判	本体2,400円
Part 4	幼稚園・保育園・こども園用	B5判	本体2,400円
Part 5	思春期・青年期用	B5判	本体2,800円

図書文化

※本体価格には別途消費税がかかります